O PROPÓSITO DA SUA VIDA

MICHAEL J. LOSIER

O PROPÓSITO DA SUA VIDA

UM GUIA PRÁTICO PARA VOCÊ SE SENTIR REALIZADO E FELIZ EM TUDO O QUE FIZER

Tradução
Alessandra Esteche

Título original: *Your Life's Purpose: Uncover What Really Fulfills You*
Copyright © 2017 Michael J. Losier
© 2017 Casa da Palavra/ LeYa
© 2019 Casa dos Mundos/ LeYa Brasil

Todos os direitos reservados e protegidos pela Lei 9.610, de 19.02.1998.
É proibida a reprodução total ou parcial sem a expressa anuência da editora e da autora.

Preparação: Lina Rosa
Revisão: Maria Clara Antonio Jeronimo
Diagramação: Futura
Capa: Leandro Dittz
Imagem de capa: Makc/ Shutterstuck.com

Dados Internacionais de Catalogação na Publicação (CIP)
Angélica Ilacqua CRB-8/7057

Losier, Michael J.
    O propósito da sua vida / Michael J. Losier ; tradução de Alessandra Esteche. – 2ª ed. – São Paulo: LeYa, 2020.
    160 p.

ISBN 978-65-5643-056-0

Título original: Your Life's Purpose

1. Técnicas de autoajuda. 2. Autorrealização. 3. Sucesso. I. Título. II. Esteche, Alessandra.

CDD 158.1

LeYa Brasil é um selo editorial da empresa Casa dos Mundos.

Todos os direitos reservados à
Casa dos Mundos Produção Editorial e Games Ltda.
Rua Frei Caneca, 91 | sala 11 – Consolação
01307-001 – São Paulo – SP
www.leyabrasil.com.br

Sumário

Introdução — 7

Quais os objetivos deste livro? — 9
A fórmula para conquistar uma vida realizada — 10
Um processo de autoconhecimento — 11
Depoimentos de quem já conhece suas Quatro
Principais Necessidades de Realização? — 13

Primeiro passo: A compreensão — 17
O que são as Necessidades de Realização? — 19
Qual é o propósito da sua vida? — 22
Qual é a relação entre as Necessidades de Realização
e o propósito da sua vida? — 24
O que você sente quando vive o propósito da sua vida? — 25
Um medidor de realização — 30
Culpa e desconforto? — 33
Conhecer suas Quatro Principais Necessidades de
Realização vai ajudá-lo a fazer escolhas melhores — 34
As principais Necessidades de Realização — 37
O que importa é a SUA definição — 44

Segundo passo: As descobertas — 53
As três áreas fundamentais da realização — 55
Realização profissional: Tomás — 57
Realização amorosa: Lúcia — 72

Realização pessoal: Sofia — 84
Agora é a sua vez — 97

Terceiro passo: A aplicação — 107
Agora que você conhece suas Necessidades de Realização, o que deve fazer? — 109
De novo, agora é a sua vez — 112
Usando estratégias positivas ou negativas para atender às suas Necessidades de Realização — 115
A Realização nos relacionamentos — 124
Aplicando a Lei da Atração para atrair oportunidades de satisfazer suas Necessidades de Realização — 134
Práticas diárias para atender a suas Quatro Principais Necessidades de Realização — 140
O que é o Glossário Interpretativo das Necessidades de Realização? — 143

Posfácio — 153
Agradecimentos especiais — 155
Sobre o autor — 157

Introdução

O objetivo do meu livro anterior, *A Lei da Atração*, era ajudar as pessoas a ter mais de tudo o que querem e menos de tudo o que não querem em todos os aspectos de suas vidas, incluindo os relacionamentos profissionais e pessoais. Com o tempo, conversando com as pessoas e também em seminários e cursos não presenciais, passei a entender que muitas pessoas não tinham consciência daquilo que queriam e de que precisavam para que suas vidas fossem mais felizes e realizadas.

Isso me preocupou porque eu sabia que, se não soubessem o que estava faltando, elas não saberiam onde concentrar suas energias para preencher o vazio que sentiam.

Então, em 2010, quando estava na Malásia ensinando sobre a Lei da Atração, um homem chamado Siva, um dos meus anfitriões, pediu que eu falasse mais sobre como ele poderia descobrir quais eram suas Necessidades de Realização. Ele tinha me ouvido falar sobre como todas as coisas relacionadas ao meu trabalho – ministrar seminários, fazer sessões de autógrafos, participar de programas de tevê e rádio e dar palestras – eram as coisas que faziam com que eu me sentisse realizado. Ele sabia que eu era rápido ao tomar decisões e já tinha me ouvido dizer "Isso *não faria* com que eu me sentisse realizado" ou "Isso *faria* com que eu me sentisse realizado" com frequência, então queria saber como também poderia fazer isso.

Depois de uma hora fazendo as perguntas certas e usando ideias intuitivas, ensinei a Siva a fórmula que agora disponibilizo neste livro. Naquele curto período de tempo, ele conseguiu descobrir suas Quatro Principais Necessidades de Realização e entender o que faria com que ele as alcançasse e o que não faria.

Então ficou claro para mim que eu precisava voltar um pouco e ensinar as pessoas que participavam de meus seminários e cursos não presenciais, e também meus leitores, a descobrir suas próprias Necessidades de Realização para que pudessem usar a informação disponível em *A Lei da Atração* de forma mais efetiva.

Descobrir quais são suas Necessidades de Realização é um processo; não é um dom mágico que eu tenho. Na verdade, eu nem sempre tive consciência das minhas próprias necessidades como tenho agora; realizei os passos que agora darei com você para chegar à clareza de que hoje desfruto.

Todos precisamos fazer algumas coisas que não nos fazem sentir realizados em algum momento, mas o nosso objetivo deve ser escolher fazer coisas que FAZEM com que nos sintamos realizados com a maior frequência possível. Para muitas pessoas, isso parece egoísta. No entanto, cuidar das suas Necessidades de Realização não é cuidar apenas de você mesmo; é também determinar e respeitar as necessidades dos outros. Ao fazer isso, você enriquecerá seus relacionamentos pessoais e profissionais e, assim, trará mais alegria para sua vida.

Este livro vai conduzi-lo através dos processos que o levarão a descobrir suas Quatro Principais Necessidades de Realização e mostrar como você pode ter mais de tudo o que necessita em sua vida. Você topa? Então vire a página.

Michael

Quais os objetivos deste livro?

1. Ajudá-lo a descobrir e identificar o que faz com que você se sinta realizado.
2. Ensiná-lo a integrar suas Necessidades de Realização a todas as áreas da vida.
3. Incentivá-lo a considerar suas Necessidades de Realização ao tomar decisões sobre carreira, relacionamentos e escolhas pessoais.

A FÓRMULA PARA CONQUISTAR UMA VIDA REALIZADA

Compreensão
• O propósito de sua vida • O que são as Necessidades de Realização • Lista das Necessidades de Realização • Como interpretar suas Necessidades de Realização
Descoberta
• Os processos para descobrir suas Necessidades de Realização Profissional, suas Necessidades de Realização nos Relacionamentos e suas Necessidades de Realização Pessoal
Aplicação
• Agora que você já sabe, o que deve fazer? • Como satisfazer suas Necessidades de Realização em todas as áreas da sua vida • Usando a Lei da Atração para satisfazer suas Necessidades de Realização

Um processo de autoconhecimento

Este é um livro de autoajuda, o que quer dizer que você vai aprender a descobrir o que precisa descobrir sobre sua própria vida sozinho. Siga todos os passos, faça os exercícios e conclua cada um deles antes de passar para o próximo.

Sua recompensa será a compreensão clara de tudo aquilo que faz com que você se sinta realizado – suas Quatro Principais Necessidades de Realização.

O resultado ideal após a conclusão do processo

Conforme aprenderá em breve, você tem necessidades que, quando atendidas, permitem que se sinta realizado.

Algumas necessidades podem parecer menos importantes que outras. Essas não são suas necessidades mais importantes.

Outras necessidades, no entanto, assumirão força e importância destacadas, e você ficará empolgado ao realizá-las. Essas serão suas Quatro Principais Necessidades de Realização.

Quando tiver concluído os processos deste livro, você terá descoberto quais são suas Quatro Principais Necessidades de Realização e aprendido a usá-las para tomar decisões no trabalho, nos relacionamentos e em todas as áreas de sua vida.

Lembre-se:

Sua recompensa, após completar o processo de autoconhecimento deste livro, será uma compreensão maior daquilo que faz com que você se sinta realizado para que seja capaz de tomar decisões que lhe tragam alegria.

Depoimentos de quem já conhece suas Quatro Principais Necessidades de Realização

Veja o depoimento de algumas das pessoas que passaram pelo processo de autoconhecimento que proponho neste livro:

"Antes de começar qualquer atividade, verifico se ela corresponde às minhas Quatro Principais Necessidades de Realização e se minha reação a essa atividade é uma vibração positiva. Consigo verificar isso facilmente pelo nível de animação que sinto."
– Rita

"Uso esse conhecimento de muitas formas: 1) nos relacionamentos, aprendi a ter confiança para pedir que minhas necessidades sejam respeitadas por minha família (um pedido novo); 2) quando me convidam para participar de um projeto, sei bem quais são minhas necessidades e, se o projeto não corresponder a elas, recuso; 3) ao procurar por um emprego, tenho clareza do que estou buscando e daquilo que vai me trazer alegria." – Ana Maria

"Me sinto mais confiante ao tentar buscar meu papel no relacionamento com as pessoas. Compreendo e categorizo melhor minhas ambições. Entendo por que fiz escolhas na vida que não eram necessariamente boas, mas surgiram de uma necessidade que parecia corresponder a uma das minhas Quatro Principais Necessidades. Isso me ajuda e redirecionar minha energia para coisas e pessoas que servirão ao meu propósito. Me ajuda a enten-

der e manter o foco em ideias-chave para realizar meu propósito e minhas paixões." – Elizabeth

"Rejeito qualquer coisa que não satisfaça minhas Necessidades de Realização. Mudei completamente desde que as identifiquei. Li muitos artigos do Michael e tomei as atitudes necessárias em várias áreas da minha vida, incluindo a vida amorosa. Parece um milagre; cada vez mais consigo aquilo que quero e, depois de quatro anos terríveis, sinto que estou em paz e contente. É incrível!" – Sheila

"Quando estou decidindo o que quero fazer, saber o que faz com que eu me sinta realizada ajuda muito. Foi fácil perceber quais eram as primeiras necessidades mais importantes para mim, mas tive um pouco de dificuldade com as duas últimas." – Gisele

"A maior surpresa que tive foi reconhecer minha necessidade de 'segurança', e a segunda foi admitir o quanto é importante para mim ser valorizada e reconhecida por fazer a diferença. Estou buscando oportunidades que me deem segurança (algo completamente novo para mim). Isso quer dizer que estou buscando oportunidades que levem a outras e que se estendam por períodos de tempo mais longos. Me tornei consciente de como materializar meus conhecimentos e olhar para o futuro para cuidar de mim mesma." – Maura

"Compreendo os motivos por trás de minhas atitudes, e tudo faz mais sentido agora. Tenho o cuidado de considerar minhas Quatro Principais Necessidades de Realização em todos os meus planos de ação, seja no trabalho ou em atividades pessoais." – Márcio

"Sempre que me envolvo em alguma coisa ou estou tomando uma decisão em relação a algo, pergunto a mim mesma se estou correspondendo às minhas Necessidades de Realização. Uso isso em minha vida profissional o tempo todo, e percebi que tenho atraído projetos mais interessantes e gratificantes! Estou muito mais feliz e realizada na vida profissional do que nunca! Também procuro atender às minhas necessidades nos relacionamentos... o que é muito importante para alcançar uma sensação de conexão agradável e cheia de alegria!" – Ronda

E então? Esses depoimentos não são inspiradores? O que você acha de daqui a algumas páginas poder falar sobre sua vida e as decisões que você toma em relação a ela de maneira igualmente consciente e entusiasmada? Isso seria maravilhoso, certo? Então, siga em frente.

primeiro passo:

A COMPREENSÃO

O QUE SÃO AS NECESSIDADES DE REALIZAÇÃO?

Cunhei o termo "Necessidades de Realização" depois de ouvir muitas pessoas falarem sobre *não* se sentirem realizadas. Para mim, isso queria dizer que elas sentiam falta de algumas das coisas que poderiam lhes trazer essa realização – ou seja, algumas de suas *necessidades* não eram atendidas.

Talvez você esteja familiarizado com outros termos usados para descrever essa categoria de necessidades, tais como:

- Valores pessoais fundamentais
- Motivação
- Propósito de vida
- Chamado
- Propósito da alma
- Sentido da vida
- Necessidades orientadoras
- Vocação
- Razão para existir
- Realização pessoal

O que quero que você entenda é que determinadas necessidades, quando atendidas, nos trazem alegria. Essas necessidades nos realizam, daí o termo "Necessidades de Realização".

Gosto de fazer com que processos complexos se tornem simples de entender e aplicar. Quem já leu meu outro livro, *A Lei da Atração*, reconhecerá o mesmo estilo neste livro.

Lembre-se:

Algumas necessidades, quando atendidas, fazem com que nós nos sintamos realizados; daí o termo "Necessidades de Realização".

ATENÇÃO AGORA!

Vamos descobrir qual é a relação entre as Necessidades de Realização e o propósito da sua vida.

Qual é o propósito da sua vida?

Talvez você ou alguém que você conhece esteja com dificuldade para descobrir o seu propósito de vida, ou, em outras palavras, por que vieram a este planeta. Isso lhe parece familiar?

Essa é uma GRANDE pergunta: "Qual é o propósito da minha vida?"

Observe essas duas conversas sobre o propósito da vida. Perceba que os resultados finais das duas conversas são similares.

Conversa com um professor:

Michael: Qual é o propósito da sua vida?
Professor: O propósito da minha vida é ensinar e educar os outros.
Michael: Quando está ensinando e educando os outros, como você se sente?
Professor: Quando ensino, sinto muita satisfação e alegria.
Michael: Então ensinar lhe traz alegria?
Professor: Sim, ensinar me traz alegria.
Michael: Se estivesse num emprego ou num relacionamento no qual não pudesse mais ensinar e educar, como você se sentiria?
Professor: Se eu não pudesse mais ensinar e educar, não me sentiria útil ou estimulado. Não sentiria nenhuma alegria.

Conversa com um artista:

Michael: Qual é o propósito da sua vida?
Artista: Definitivamente minha arte e minha criatividade.
Michael: Como você se sente quando está trabalhando em projetos artísticos e quando pode exercer sua criatividade?
Artista: É muito edificante para mim. Me traz muita alegria.
Michael: Exercer a criatividade e trabalhar em projetos artísticos lhe traz alegria?
Artista: Sim, muita.
Michael: Se tivesse um emprego no qual não pudesse usar sua criatividade ou sua veia artística, como você se sentiria?
Artista: Se eu tivesse um emprego no qual não pudesse usar minha criatividade ou minha veia artística, eu não sentiria nenhuma alegria.

Peça a cem pessoas que definam o propósito de suas vidas e você receberá cem respostas distintas. As respostas darão conta de diversas áreas de atuação. Então, amplie a questão com "Para conseguir o quê?". Depois, amplie um pouco mais com a pergunta: "E o que você ganha com isso?"

Qual é a relação entre as Necessidades de Realização e o propósito da sua vida?

Qual é o propósito da sua vida? →	Para conseguir o quê? →	Para conseguir o quê? →	O que você ganha com isso?
Cantar	Para conquistar plateias	Para que as pessoas me amem e me admirem	Alegria
Dançar	Para liberar energia e estar em forma	Para me sentir mais relaxada e à vontade com meu corpo	Alegria
Ser piloto de corrida	Para sentir adrenalina em minhas veias	Para não sentir tédio	Alegria
Ser médico	Para ajudar os doentes	Para me sentir útil	Alegria
Ensinar	Para ajudar os outros a desenvolverem seu potencial	Para que eles se sintam realizados	Alegria
Salvar o planeta	Para permitir que estejamos aqui por bastante tempo	Para me sentir melhor	Alegria
Ser cuidador de idosos	Para cuidar de pessoas idosas	Para que suas vidas sejam mais confortáveis	Alegria
Estar no palco	Para compartilhar meu talento com os outros	Para satisfazê-los	Alegria
Ser treinador do time de basquete da escola	Para ajudar os alunos a desenvolverem seu potencial	Para me sentir realizado	Alegria

O QUE VOCÊ SENTE QUANDO VIVE O PROPÓSITO DA SUA VIDA?

Alegria. Simples assim. Alegria. Você pode dizer satisfação, contentamento, prazer, êxtase, felicidade, ou outras palavras. Mas todas elas querem dizer a mesma coisa: ALEGRIA.

Você sabe que a vida está dando certo quando vivenciamos momentos de felicidade e alegria. Por outro lado, você também sabe como a vida pode ser quando os momentos *não* são de alegria.

O diagrama a seguir mostra a relação direta entre como você se sente e os resultados que alcança – ou seja, o que está acontecendo na sua vida:

Está sentindo alegria?	Vibração gerada	Resultados
Com alegria em sua vida ⇨	**Positivo** Você emana vibrações positivas ⇨	Resultados **positivos** em sua vida
Sem alegria em sua vida ou em seus relacionamentos ⇨	**Negativo** Você emana vibrações negativas ⇨	Resultados **negativos** em sua vida

Então a alegria é objetivo?

Se a alegria é o objetivo, a pergunta que você precisa fazer é: "O que me traz alegria?"

Muitas pessoas ficam inseguras e confusas e não sabem como responder a essa pergunta. Algumas pessoas nem mesmo acreditam que é possível sentir alegria.

O que lhe traz alegria?

Uma lista de coisas materiais? Relacionamentos? Um emprego ou sua carreira? Família?

Na verdade, tudo isso são "estratégias" que você usa para obter alegria. Então, depois de responder a essa pergunta, você ainda deve se perguntar: "Por que essa coisa material, esse relacionamento ou esse trabalho me trazem alegria?"

Essa segunda pergunta serve para que você descubra que Necessidades de Realização são atendidas por suas estratégias para obter alegria. Essa é a GRANDE questão que este livro vai ajudá-lo a responder. Você vai aprender o que são as Necessidades de Realização e, o mais importante, vai descobrir quais são suas Quatro Principais.

Quando identifica suas **Necessidades de Realização**, você passa a ser capaz de criar e atrair as **Estratégias** para atender a essas necessidades. Quando atende as suas necessidades, você obtém **ALEGRIA**.

Resumindo:

- O propósito da sua vida é a ALEGRIA, não importa o queira fazer dela.
- A Alegria é o objetivo de todos nós.
- As Necessidades de Realização são aquelas que, quando atendidas, nos trazem alegria.

Lembre-se:

> O objetivo de todos
> nós é a ALEGRIA.
> E ALEGRIA é o propósito
> da sua vida.

Um Medidor de Realização

É importante estar ciente do nível de alegria que suas escolhas lhe trazem. Dentro de você existe uma ferramenta para medir seu nível de alegria – seu Medidor de Realização.

O que é isso?

Seu Medidor de Realização é um outro nome para seus **Sentimentos**.

Seus sentimentos sempre refletem e medem a alegria que você sente em qualquer situação.

O seu nível de Realização é igual ao seu nível de Alegria

Embora às vezes seja necessário fazer coisas que não nos trazem Alegria, o objetivo é escolher fazer coisas que nos TRAZEM Alegria com a maior frequência possível.

Para se manter Alegre, você precisa alimentar seu Medidor de Realização com estratégias que lhe tragam Alegria. O ideal é que seu Medidor de Realização registre o máximo de Alegria o tempo todo, e que você evite coisas que diminuem seu nível de Alegria (o que significa que elas não fazem com que você se sinta realizado ou feliz). Portanto, é importante que você seja um pouco "egoísta" em relação a tudo o que lhe traga seu nível de realização.

Para obter Alegria com a maior frequência possível, às vezes é necessário fazer escolhas que podem parecer egoístas, mas o que você estará demonstrando realmente é Autocuidado. Cuide o suficiente de si mesmo para manter o seu Medidor de Realização sempre no máximo!

Resumindo:

- ❐ Existem estratégias que podemos usar para atender a nossas Necessidades de Realização.
- ❐ Nosso Medidor de Realização (nossos sentimentos) mede nosso nível de Alegria.

Lembre-se:

Cuidar de si mesmo é também escolher coisas que façam você se sentir bem.

Culpa e desconforto?

É, algumas pessoas resistem ou se sentem culpadas ao escolher coisas que fazem com que ELAS se sintam bem.

Quando estiver se sentindo culpado ou resistindo, saiba que, quando você se sente bem consigo mesmo, consegue ajudar os outros com mais eficácia. Todos queremos estar rodeados de pessoas que nos colocam para cima, essas são as pessoas "positivas", aquelas que sentem Alegria em suas vidas.

Você se sentiu atraído por este livro por um motivo.

- Já não está na hora de VOCÊ se sentir realizado?
- Como sua vida seria se VOCÊ fizesse escolhas que lhe trouxessem bem-estar?
- Como sua vida seria se VOCÊ fosse aquele amigo ou parente de quem todos dizem: "Ele/Ela é a pessoa que mais me coloca para cima"?

Você provavelmente se preocupa com sua alimentação, com as músicas que ouve e as roupas que veste. Agora você precisa exercitar o mesmo autocuidado quando escolhe um emprego, um relacionamento amoroso ou suas amizades.

Você precisa estar atento às coisas que fazem com que você se sinta realizado e também às que não fazem – nos relacionamentos, em casa, com os vizinhos, no tempo livre e na sua carreira. O que importa, na verdade, é a Realização pessoal.

CONHECER SUAS QUATRO PRINCIPAIS NECESSIDADES DE REALIZAÇÃO VAI AJUDÁ-LO A FAZER ESCOLHAS MELHORES

Após identificar suas Quatro Principais Necessidades de Realização, você será capaz de usar essa informação para tomar decisões. Quando for hora de escolher uma nova carreira ou um novo relacionamento, seu Medidor de Realização (seus sentimentos) vai aferir o nível de alegria que você sente ao tomar essa decisão. Isso vai indicar se você está fazendo a escolha certa ou não. Você pode usar seu Medidor de Realização para tomar todo tipo de decisões – de comprar uma casa nova a escolher o destino das próximas férias. Existem oportunidades em abundância.

Casais também devem prestar atenção no Medidor de Realização do parceiro para garantir que as necessidades dos dois estão sendo atendidas ao tomar decisões importantes.

Conhecendo as Quatro Principais Necessidades de Realização dos outros

Quando você conhece e apoia as Necessidades de Realização das outras pessoas, pode dialogar e melhorar a harmonia e a comunicação em seus relacionamentos.

Mais adiante vamos falar sobre como os casais podem criar estratégias para descobrir, entender e satisfazer as Necessidades de Realização do parceiro.

Também vamos falar sobre como você pode aplicar essas mesmas estratégias no ambiente de trabalho para ajudar seus funcionários, colegas e gerentes a atender às necessidades deles, o que vai fazer com que todos se sintam mais realizados.

Após identificar suas Quatro Principais Necessidades de Realização e experimentar satisfação ao realizá-las com frequência, você vai querer compartilhar esses processos com todos para que vocês trabalhem juntos e se apoiem na busca pela realização das Necessidades um do outro.

Resumindo:

- ❒ Conhecer nossas Necessidades de Realização nos ajuda a fazer escolhas melhores.
- ❒ Conhecer e apoiar as Necessidades de Realização dos outros pode melhorar nossos relacionamentos.

ATENÇÃO AGORA!!

As 30 Necessidades de Realização mais comuns e o que elas significam.

As principais Necessidades de Realização

A seguir, você encontrará as 30 Necessidades de Realização mais comuns em ordem alfabética. Ao longo dos muitos anos em que venho ajudando as pessoas a descobrirem suas Necessidades de Realização, essas têm sido as 30 que as pessoas identificam como mais importantes.

Agora, vou apenas apresentar a Lista de Necessidades de Realização. Ao longo do livro, usaremos essa lista para determinar quais são as mais importantes para você. Por enquanto, apenas leia a lista e preste atenção nas palavras que chamarem sua atenção.

Um glossário interpretativo

Algumas pessoas têm dúvidas em relação ao significado de algumas das Necessidades de Realização da lista. Portanto, compilei um Glossário de Necessidades de Realização para ajudar a esclarecer o significado das palavras.

Chamei de "glossário interpretativo" porque as definições refletem as interpretações mais comuns que coletei de várias pessoas que passaram pelos processos.

Algumas das palavras podem não significar para você o mesmo que significam para outras pessoas. Não tem problema. Mais adiante, nesta seção, vou explicar como você pode "reformular" os significados para que correspondam à sua interpretação das palavras. Para nosso propósito, não existem definições certas ou erradas. O que importa é a SUA interpretação!

Consulte o Glossário Interpretativo das Necessidades de Realização no fim deste livro.

Lista das Principais Necessidades de Realização

Aprovação	Influência
Atenção	Integridade
Autonomia	Intimidade
Aventura	Justiça
Comunidade	Liberdade
Conexão	Liderança
Contribuição	Poder
Controle	Prestígio
Criatividade	Reconhecimento
Desafio	Satisfação
Destaque	Segurança
Diversão	Singularidade
Importância	Sucesso
Inclusão	Tranquilidade
Individualidade	Valorização

Posso adicionar palavras de realização à lista?

Quando algumas pessoas leem a lista pela primeira vez, elas sentem falta de alguma Necessidade de Realização e querem adicionar uma palavra. Algumas palavras que podem parecer Necessidades de Realização para você costumam ter camadas de significado que podem ser removidas como as camadas de uma cebola até revelar uma Necessidade de Realização que está nessa lista.

Revelando a verdadeira Necessidade de Realização

Quando alguém quer adicionar uma nova necessidade à lista, uso duas perguntas que ajudam a determinar se realmente se trata de outra Necessidade de Realização. As perguntas são as seguintes: "Com que propósito?" e "O que *isso* pode proporcionar?".

Duas das necessidades mais citadas por aqueles que querem adicionar palavras à lista são "dinheiro" e "estímulo intelectual". A seguir, você encontrará exemplos de respostas às minhas perguntas. Perceba que, em cada um dos exemplos, após responder a "O que *isso* pode proporcionar?", uma camada é removida e outra Necessidade de Realização é revelada.

Você gostaria de adicionar alguma palavra à lista? Se sim, é uma boa ideia "testá-la" para ver se realmente corresponde a uma Necessidade de Realização.

O que alguns dos meus clientes descobriram ao testar "dinheiro" e "estímulo intelectual" respondendo às duas perguntas:

Preciso de dinheiro

Pergunta 1: Com que propósito?	Pergunta 2: O que *isso* pode proporcionar?
a) Para que eu possa tirar férias e viajar mais.	a) Sensação de **liberdade**.
b) Para que eu possa doá-lo aos necessitados.	b) Sensação de fazer a diferença – de **contribuir**.
c) Para que eu possa proporcionar o melhor à minha família.	c) Sensação de **segurança** e **tranquilidade**.

Perceba: o que o dinheiro *proporciona* revela a Necessidade de Realização verdadeira.

Agora vamos analisar o "estímulo intelectual".

Preciso de estímulo intelectual

Pergunta 1: Com que propósito?	Pergunta 2: O que *isso* pode proporcionar?
a) Para que eu não fique entediado.	a) **Desafio** mental.
b) Para que eu possa trocar ideias com alguém com quem me identifico.	b) Sensação de **conexão**.
c) Para que eu possa elevar minha aprendizagem e meu conhecimento.	c) Sensação de **satisfação** e **importância**.

Ensaiando

Agora você também pode testar as suas principais Necessidades de Realização para ver o que há por trás delas, na verdade assim vai poder encontrar suas próprias Necessidades de Realização básicas.

Vamos lá.

Como você preencheria o quadro a seguir?

Preciso de _____

Pergunta 1: Com que propósito?	Pergunta 2: O que *isso* pode proporcionar?
⇨	
⇨	
⇨	

Resumindo:

☐ Existem 30 Necessidades de Realização mais comuns.
☐ Podemos testar outras palavras e expressões e ver se elas são Necessidades de Realização verdadeiras ou não.
☐ Podemos consultar o Glossário de Necessidades de Realização para esclarecer o significado de algumas palavras.

O QUE IMPORTA É A SUA DEFINIÇÃO

À medida que você avança pelos processos para descobrir suas Quatro Principais Necessidades de Realização, é importante lembrar que *o que realmente importa é a sua definição e percepção das palavras*, mesmo que sejam diferentes da interpretação das outras pessoas.

Você pode perceber que uma necessidade é importante para você, mas se sentir desconfortável com a interpretação negativa que você ou outra pessoa tenha dela. Caso isso aconteça, você pode trocar sua interpretação por outra que faça com que você se sinta melhor. Veja a seguir três interpretações diferentes que três pessoas podem ter da Necessidade de Realizacão CONTROLE.

Qual é a sua interpretação da palavra CONTROLE?

_____

_____

_____

_____

_____

_____

Aceitando suas Necessidades de Realização

Além de ficar desconfortável com o significado das necessidades que identifica como importantes, você talvez ache que não merece ter suas necessidades atendidas. Ou, pode ficar apreensivo com as mudanças que imagina que terá que fazer para satisfazê-las.

Quando descobri quais eram minhas principais Necessidades de Realização, também senti um certo desconforto.

Minhas Quatro Principais Necessidades de Realização são:

1. Atenção (receber atenção)
2. Influência (influenciar os outros positivamente)

3. Intimidade (criar intimidade com as pessoas)
4. Liberdade (ter liberdade)

Percebi que era importante "reformular" o significado dessas palavras para que eu me sentisse mais confortável com elas.

Como você se SENTE a respeito da palavra é o mais importante. Você pode fazer com que uma Necessidade de Realização seja exata para você criando seu próprio significado da palavra. Permita-me compartilhar meu processo de "reformulação" de minhas Necessidades de Realização.

Meu processo de interpretação

Eu sempre soube que gosto de receber Atenção, mas ouvia as vozes de outras pessoas em minha cabeça julgando Receber Atenção como algo negativo – era o mesmo que "se mostrar". Em razão do que os outros diziam sobre essa necessidade, eu me sentia desconfortável e envergonhado com o fato de que Receber Atenção era minha principal Necessidade de Realização. Eu sabia que tinha que "reformular" a palavra para me sentir confortável com ela. Reformular significa ver ou ouvir a palavra de um ponto de vista diferente, ou dar a ela um significado diferente.

LEMBRE-SE:

Você pode reformular o significado das suas Necessidades de Realização.

A seguir, minhas Quatro Principais Necessidades de Realização e uma breve descrição de como mudei seus significados para que fizessem sentido para mim.

Receber Atenção passou a ser
Receber Concentração

Gosto muito quando os alunos se concentram no que estou falando e valorizam o tempo que dedico a eles. Isso inclui me ouvir e, é claro, se deixar influenciar por mim de forma positiva.

Influenciar os outros passou a ser
Exercer Influência Positiva

Gosto quando as pessoas dizem que meus livros ou seminários as influenciaram positivamente, ou quando citam algo específico dos meus livros que mudou sua maneira de pensar. Gosto de exercer uma influência positiva sobre as pessoas.

Criar Intimidade passou a ser
Permitir que os outros me conheçam de verdade

A palavra Intimidade tem muitos significados. Para mim, é quando me abro para que determinada pessoa conheça o que penso, o que é mais importante para mim, quais são meus projetos pessoais, o que me preocupa etc. Por exemplo, *é quando encontro alguém* para um café e tenho uma conversa pessoal, sobre assuntos relevantes, sobre algo que estou estudando, ou sobre um novo projeto. Isso é uma verdadeira Intimidade.

Eu não tinha problemas com a minha necessidade de Ter Liberdade

Minha quarta Necessidade de Realização é **Ter Liberdade**. Para mim, Liberdade é poder decidir como uso meu tempo. O tempo é um dos meus valores. Valorizo passar meu tempo com bons amigos. Respeito meu tempo e o das outras pessoas. Então, ao planejar minhas palestras e treinamentos, sempre levo em consideração quanto tempo ficarei longe de casa.

Resumindo:

☐ Podemos "reformular" os significados para que façam sentido para nós.
☐ O que importa é a SUA interpretação das palavras.

LEMBRE-SE:

O que importa é a SUA interpretação.

segundo passo:

AS DESCOBERTAS

As três áreas fundamentais da realização

Embora nosso objetivo seja conquistar a realização em todas as áreas de nossas vidas, o foco desta seção serão três áreas que as pessoas mais escolhem aprimorar:

1. Realização profissional
2. Realização amorosa
3. Realização pessoal

Em cada uma dessas áreas, você vai conhecer um aluno que está usando os Processos de Descoberta deste livro:

Realização profissional: Conheça Tomás, um contador bem-sucedido com anos de carreira que tem se sentido menos realizado no trabalho.

Realização amorosa: Conheça Lúcia, que está cansada dos encontros de sempre e quer descobrir o que a faria se sentir realizada com o parceiro ideal.

Realização pessoal: Conheça Sofia, que está querendo mudar alguma coisa em sua vida. Ela está entediada, inquieta e se deu conta de que não se sente realizada.

Realização profissional: Tomás

Olá. Meu nome é Tomás e sou contador fiscal – muito bem-sucedido, por sinal. É um trabalho importante e eu o levo muito a sério. Muitas coisas dependem da precisão do meu trabalho. Sou um profissional respeitado e conquistei a confiança dos meus clientes, que dependem de mim para evitar dores de cabeça financeiras e burocráticas.

Passei por todas as etapas, cumpri com minhas obrigações e hoje tenho uma empresa bem-sucedida, que emprega duas pessoas e gera uma renda considerável para mim e para minha família. Embora minha família seja maravilhosa – amo muito minha esposa, meus filhos, meu cachorro, minha casa – ainda está faltando alguma coisa.

Tenho um pensamento constante... às vezes um anseio silencioso... por alguma outra coisa que me complete. Acho que alguma ou algumas das minhas necessidades mais importantes não são atendidas pela vida que construí. Também me preocupo com o passar do tempo e não quero viver com o arrependimento de não ter tomado a decisão para sentir mais realização na minha vida.

Quando eu era jovem, meus pais me ensinaram que encontrar meu lugar no mundo e ter um emprego estável eram valores fundamentais. Ser autossuficiente, confiável e um bom provedor eram minhas maiores aspirações. Bom, essas aspirações foram cumpridas, mas eu ainda quero mais. Não quero mais coisas ou pessoas em minha vida, só quero uma satisfação mais profunda. Então, o que está faltando?

Penso em meus avós que faleceram há anos e eram de outra geração. Eram fazendeiros que tinham orgulho de sua terra e da contribuição que prestavam à comunidade. Sempre pareciam estar profundamente satisfeitos com suas vidas e escolhas, embora eu não consiga imaginar levar uma vida tão simples e com tão poucos recursos. Claramente, eles encontraram a felicidade sem ter uma casa grande, um carrão e dinheiro sobrando na conta bancária para fazer viagens caras, por exemplo. Qual era o segredo?

Para ser sincero – e parece quase um sacrilégio pensar nisso – cheguei à conclusão de que preciso abrir mão da minha carreira atual e ir atrás de um trabalho que eu realmente ame. É a única área da minha vida que me parece monótona. Faz muito tempo que não me sinto mais animado com o que faço. No início, construir minha empresa era divertido porque eu estava sendo criativo e me arriscando. Agora que minha empresa está estabelecida, as horas que passo revisando números, recibos e formulários não me estimulam. Será que é só isso?

Decidi que preciso de ajuda para entender melhor o que está acontecendo. Vou usar o processo de Necessidade de Realização para ir mais fundo e descobrir que tipo de trabalho me deixaria empolgado. A simples ideia de que meu trabalho pode ser uma fonte de alegria – como minha família é – me deixa entusiasmado. Então vamos lá...

O processo de descoberta

Existem quatro exercícios que podem ajudá-lo a descobrir suas Necessidades de Realização:

Exercício n. 1 – Reduzir a Lista de Necessidades de Realização

Exercício n. 2 – Registro da descoberta – TRABALHO ATUAL

Exercício n. 3 – Registro da descoberta – TRABALHO ANTERIOR

Exercício n. 4 – Registro da descoberta – PIOR TRABALHO

Exercício n. 1: Reduzindo a lista

Segundo o meu entendimento das Necessidades de Realização, se elas forem satisfeitas, eu tenho Alegria. Simples assim. É uma abordagem intuitiva e elegante para levar uma vida feliz e realizada. Mas o que me deixa alegre pode não significar muita coisa para outra pessoa. Preciso usar um processo e uma estrutura que me ajudem a esclarecer onde a minha Alegria está.

Então, vou começar revisando a Lista de Necessidades de Realização e reduzindo-a a palavras que tenham um significado importante para mim. Gosto de usar minhas sensações e reações espontâneas como guia para meu processo de tomada de decisão. Refleti sobre cada palavra e considerei rapidamente minha reação imediata a cada uma delas. Sem pensar muito, risquei as palavras que não chamaram minha atenção. Segue minha lista reduzida e algumas anotações que explicam meu processo de peneira:

Lista reduzida das Necessidades de Realização do Tomás

	Observações
Aprovação _____	Não gosto de admitir, mas preciso de aprovação.
~~Atenção~~	
Autonomia _____	Definitivamente.
Aventura _____	Gosto do desconhecido e de depender só dos meus próprios recursos. Não sei se é uma boa qualidade para o trabalho ☺
~~Comunidade~~	
Conexão _____	É, acho que sim.
Contribuição _____	Sim!
Controle _____	É uma palavra um pouco dura, mas acho que sim.
Criatividade _____	Huuummm!
Desafio _____	Meu momento de maior orgulho foi a abertura da minha empresa.
~~Destaque~~	

Diversão _____	*Parece um pouco infantil, mas vou manter.*
~~Importância~~	
Inclusão _____	*Pensando bem, parece algo bom.*
Individualidade _____	*É, pode ser.*
Influência _____	*Ah, isso me dá um frio na barriga gostoso.*
~~Integridade~~	
Intimidade _____	*Mais em relação à minha família, então veremos...*
~~Justiça~~	
Liberdade _____	*Ah! Tem tudo a ver comigo.*
Liderança _____	*Minha esposa vai gostar, então vou manter essa.*
~~Poder~~	
~~Prestígio~~	
~~Reconhecimento~~	
Satisfação e Sucesso __	*Satisfação e sucesso parecem similares, mas alcançar um grande objetivo sempre me animou!*

~~Segurança~~	
Singularidade _____	Quero ter uma vida única, mas será que isso é sensato?
Tranquilidade _____	Também parece interessante. Nunca pensei nisso.
~~Valorização~~	

⮕ **Agora transfira as palavras que não foram riscadas da lista acima para uma nova tabela, que servirá de guia para os próximos exercícios.**

Na tabela a seguir, vamos marcar as Necessidades de Realização a serem descobertas nos exercícios 2, 3 e 4:

Lista das Necessidades de Realização do Tomás

Exercício n. 1	Exercício n. 2	Exercício n. 3	Exercício n. 4
Aprovação			
Autonomia			
Aventura			
Conexão			
Contribuição			
Controle			
Criatividade			
Desafio			
Diversão			
Inclusão			
Individualidade			
Influência			
Intimidade			
Liberdade			
Liderança			
Satisfação			
Singularidade			
Sucesso			
Tranquilidade			

Exercício n. 2: Trabalho atual

Como mencionei anteriormente, sou um contador fiscal autônomo bem-sucedido. Gosto do fato de que ganho bem, as pessoas confiam em mim e posso simplificar um processo complicado. Também gosto do fato de que eu abri a minha empresa e fiz com que ela crescesse. É uma grande satisfação ser seu próprio chefe e devo dizer que me agrada o fato de não ter alguém em cima do meu trabalho o tempo todo.

A desvantagem do meu trabalho é que passo muito tempo trabalhando sozinho. Pode levar dias para desvendar práticas danosas de contabilidade e às vezes fico frustrado com o tempo e o dinheiro que são desperdiçados por causa da incapacidade de outras pessoas. Às vezes, depois de um dia de trabalho pouco satisfatório, me pergunto se vou passar a vida inteira organizando a bagunça dos outros.

Registro das descobertas do Tomás:

"NO MEU TRABALHO ATUAL, EU NÃO GOSTO DE..."	
A. Liste quatro aspectos do seu trabalho ATUAL que completam a frase *"Eu não gosto de..."*	Agora identifique, em sua Lista das Necessidades de Realização, a necessidade que está faltando.
1. Trabalhar sozinho durante horas seguidas.	⇨ CONEXÃO
2. Frustração com a organização dos documentos dos clientes.	⇨ CONTROLE, SATISFAÇÃO
3. Sensação de que o trabalho nunca vai ter fim.	⇨ SATISFAÇÃO
4. A repetição das tarefas do dia a dia.	⇨ DESAFIO, CRIATIVIDADE
"NO MEU TRABALHO ATUAL, EU AMO..."	
B. Liste quatro aspectos do seu trabalho ATUAL que completam a frase *"Eu amo..."*	Agora identifique, em sua Lista das Necessidades de Realização, a necessidade atendida.
1. Ser autônomo e saber que criei algo incrível.	⇨ SUCESSO, CRIATIVIDADE
2. A renda é boa e não tenho receios financeiros.	⇨ TRANQUILIDADE, AUTONOMIA
3. Proporcionar alívio aos meus clientes ao evitar dores de cabeça.	⇨ INFLUÊNCIA, INTIMIDADE
4. A sensação de que posso fazer minhas próprias escolhas sobre o futuro.	⇨ LIBERDADE, AUTONOMIA

Exercício n. 3: Trabalho anterior

Não fui sempre contador fiscal. Trabalhei durante o ensino médio e a faculdade e passei por alguns empregos antes de decidir me comprometer com a área atual. O emprego anterior de que mais gostei foi um trabalho de seis meses como paisagista antes de começar a faculdade. O salário era razoável, mas o que realmente me fazia feliz era trabalhar com as mãos na terra; e ver meus esforços florescendo (talvez eu tenha herdado isso do meu avô). Também amava o fato de poder ser criativo com cores, texturas, formas e fazer com que uma nova paisagem se adaptasse ao cenário ao redor. Às vezes passo por algumas propriedades onde trabalhei e uma sensação de orgulho e de ter feito parte de algo maior do que eu me invade. Quando vejo uma árvore enorme onde um dia plantei um arbusto, ou uma videira de que cuidei carregada de frutos, sei que algo de bom e duradouro surgiu do meu trabalho.

Para ser sincero, eu não amava tudo no trabalho com paisagismo. Eu trabalhava muito, o salário era medíocre e meu chefe era bem desagradável. Ele nunca parecia satisfeito com meu trabalho. E havia dias em que eu chegava em casa tão exausto do trabalho braçal que pulava o jantar e ia direto dormir.

Registro das descobertas do Tomás:

"NO MEU TRABALHO ANTERIOR, EU NÃO GOSTAVA DE..."	
A. Liste quatro aspectos do seu trabalho ANTERIOR que completam a frase "*Eu não gostava de...*"	Agora identifique, em sua Lista das Necessidades de Realização, a necessidade que estava faltando.
1. Trabalhar demais e receber um salário medíocre.	⇨ LIBERDADE, TRANQUILIDADE
2. Meu chefe era difícil e nunca estava satisfeito.	⇨ APROVAÇÃO, INTIMIDADE
3. O trabalho às vezes era fisicamente exaustivo.	⇨ LIBERDADE, DIVERSÃO
4. Não havia perspectivas de longo prazo.	⇨ SUCESSO
"NO MEU TRABALHO ANTERIOR, EU AMAVA..."	
B. Liste quatro aspectos do seu trabalho ANTERIOR que completam a frase "*Eu amava...*"	Agora identifique, em sua Lista das Necessidades de Realização, a necessidade que era atendida.
1. Trabalhar com as mãos.	⇨ CONTRIBUIÇÃO
2. Ser criativo com cores e texturas.	⇨ CRIATIVIDADE, DIVERSÃO
3. Saber que meu trabalho tinha um impacto duradouro.	⇨ INFLUÊNCIA, SATISFAÇÃO
4. Trabalhar ao ar livre.	⇨ LIBERDADE AUTONOMIA

Exercício n. 4: O pior trabalho da minha vida

O pior emprego que já tive também foi antes da faculdade, quando eu trabalhava para o meu irmão mais velho na construtora dele. O salário era péssimo, meu irmão era arrogante e mandão; e eu tinha que organizar milhares de "coisinhas" ridículas que eram usadas para manter as peças de concreto unidas. Era um pesadelo desemaranhá-las, pois costumavam ser simplesmente jogadas numa pilha depois que o trabalho era feito e ficavam cobertas de pedaços de concreto seco. Eu odiava perder meu tempo arrumando a bagunça dos outros. Eles não podiam ser mais organizados e cuidadosos com os equipamentos?

Mas nem tudo era ruim. Aprendi a ser paciente e que às vezes é necessário insistir para que o trabalho seja feito. Havia camaradagem entre os caras que trabalhavam lá, que é algo de que sinto falta em meu trabalho atual.

Registro da descoberta do Tomás:

"NO PIOR TRABALHO DA MINHA VIDA, EU NÃO GOSTAVA DE..."	
A. Liste quatro aspectos do PIOR trabalho da sua vida que completam a frase *"Eu não gostava de..."*	Agora identifique, em sua Lista das Necessidades de Realização, a necessidade que estava faltando.
1. Me sentir explorado recebendo um salário mínimo.	⇨ TRANQUILIDADE, SATISFAÇÃO
2. Perder tempo arrumando a bagunça dos outros.	⇨ CONTRIBUIÇÃO, INTIMIDADE
3. Realizar tarefas chatas e sem sentido que não obtinham resultado aparente.	⇨ DIVERSÃO, SATISFAÇÃO
4. Meu irmão era um chefe péssimo e arrogante.	⇨ LIBERDADE
"NO PIOR TRABALHO DA MINHA VIDA, EU AMAVA..."	
B. Liste quatro aspectos do PIOR trabalho da sua vida que completam a frase *"Eu amava..."*	Agora identifique, em sua Lista das Necessidades de Realização, a necessidade que era atendida.
1. A camaradagem do trabalho em equipe.	⇨ CONEXÃO
2. Saber que aquilo estava me preparando para a vida.	⇨ DESAFIO
3. Aprender sobre um negócio e ver como administrar uma empresa.	⇨ CRIATIVIDADE
4. Trabalhar ao ar livre.	⇨ LIBERDADE, AUTONOMIA

Calculando os resultados

Agora o quadro da Lista das Necessidades de Realização do Tomás está completo. E a Necessidade de Realização identificada em cada exercício está destacada:

Lista de Necessidades de Realização do Tomás				
	Exercício n. 1	Exercício n. 2	Exercício n. 3	Exercício n. 4
Aprovação			x	
→ **Autonomia**	X	X	x	x
Aventura				
Conexão	x			x
Contribuição			x	x
Controle	x			
→ **Criatividade**	x	x	x	x
Desafio	x			x
Diversão			x x	x
Inclusão				
Individualidade				
Influência	x		x	
Intimidade	x		x	x
→ **Liberdade**	x		x x x	x x
Liderança				
→ **Satisfação**	x	x	x	x x
Singularidade				
Sucesso	x		x	
Tranquilidade	x		x	x

As Quatro Principais Necessidades de Realização do Tomás

Autonomia

Criatividade

Liberdade

Satisfação

O que mudou para o Tomás?

Foi esclarecedor passar pelos exercícios. O simples ato de revisar a lista completa das Necessidades de Realização me fez pensar: "Uau! Eu tenho permissão para me sentir tão bem assim no trabalho? Será que eu tenho me privado disso esse tempo todo?"

Quando reduzi a lista de necessidades para minhas quatro principais, tudo fez sentido! O processo de relembrar experiências profissionais passadas que me davam alegria e as que eu odiava trouxe clareza. Percebi que preciso ter a sensação de que meu trabalho tem um impacto duradouro, e de que tem um impacto positivo em minha vida. Quero poder ver os resultados do meu esforço e saber que fiz a diferença. Também descobri que, em qualquer direção que decida tomar, eu preciso estar no comando – nada de chefes, nada de dividir a liderança com outra pessoa.

Também posso dizer que o que está faltando em meu trabalho atual e que agora sei que é uma necessidade fundamental – a primeira da minha lista – é a criatividade. O trabalho com paisagismo me permitia criar coisas novas, dar vida a um chão estéril, ver o potencial que está esperando para ser revelado.

Realização amorosa: Lúcia

Minha mãe costumava dizer: "Lúcia, o mar está para peixe, é só tampar o nariz e escolher um!" Ela cresceu numa cidade litorânea e amava metáforas com mar e pesca. Ela também era muito tradicional e via os relacionamentos pelo viés da religião e da obrigação. "Quando pegar um, é só segurar firme e puxar a linha." Construir uma casa e formar uma família. E todos viveram felizes para sempre. Fui criada para acreditar nisso e é essa ideia que define o dilema que encaro hoje quando procuro por um parceiro.

Quando era adolescente, imaginava que ia me apaixonar por um cara lindo e misterioso, sair da minha cidade natal numa Kombi e ir para uma praia para me casar sob a luz das estrelas.

Desde que terminei a faculdade, estou procurando por esse homem, e a cada ano que passa minha busca fica mais urgente.

Por conta disso, entro de cabeça nos relacionamentos e acabo assustando a maioria dos homens. Alguns já chegaram a me confessar isso em cartas. Tenho uma coleção delas. É como se eu estivesse numa corrida maluca contra o relógio. Talvez eu esteja mesmo tentando correr contra meu relógio biológico.

Tenho medo de não encontrar o cara ideal. Quero muito ter filhos e netos, mas também não quero me contentar com qualquer um que aparecer. Quero um parceiro que esteja presente nos bons e maus momentos e que goste de bebês e piqueniques e de Jornada nas Estrelas.

Me sinto presa entre duas forças em direções opostas. Será que "pego um e puxo a linha" ou continuo procurando pelo companheiro perfeito? Minha necessidade de tranquilidade e estabilidade é mais importante que minha necessidade de romance e amor?

Não devia ser assim. Encontrar meu verdadeiro amor devia acontecer de forma natural, meio inesperada. Quando foi que tudo se tornou tão calculado e prático?

Concordei em procurar alguma luz sobre essa questão por meio de um exercício de Necessidades de Realização – um modo de perceber o que é realmente importante para mim e identificar minhas fontes de alegria.

Exercício n. 1: Reduzindo a lista

Amor, amor, amor!!! Essa é a minha lista. É tudo de que preciso... Espere aí... A palavra "amor" não está na Lista das Necessidades de Realização! Talvez porque o amor não seja uma necessidade. Está mais para uma ação. Quando penso que preciso de amor, acho que, na verdade, estou atrás das sensações que o amor causa em mim.

A Lista das Necessidades de Realização é uma vasta gama de sensações e estados que todos entendemos e já experimentamos. À primeira vista, percebo várias palavras que não têm nada a ver comigo. Não consigo imaginar "poder" como uma Necessidade de Realização que eu tenha. O processo de redução dessa lista deve ser fácil.

A seguir, está a lista reduzida das minhas Necessidades de Realização. Fiquei surpresa com algumas de minhas escolhas.

Lista reduzida das Necessidades de Realização da Lúcia

	Observações
Aprovação _____	A opinião da minha mãe é importante para mim.
Atenção _____	Quem não gosta de atenção?
~~Autonomia~~	
Aventura _____	Sim, desde que tenha ar-condicionado.
Comunidade _____	Me sinto segura quando estou rodeada de pessoas que se importam comigo.
Conexão _____	É igual à comunidade para mim.
~~Contribuição~~	
Controle _____	Isso faz de mim uma pessoa controladora?
~~Criatividade~~	
~~Desafio~~	
Destaque _____	Afinal, sou uma princesa!
Diversão _____	Amo me divertir. A palavra soa bem aos meus ouvidos.
Importância _____	Quero ser importante para as pessoas.
~~Inclusão~~	

Individualidade _____	Sim, mas não sei como isso se encaixa nos meus sonhos.
~~Influência~~	
Integridade _____	Quero isso no meu parceiro. Confiança é importante.
Intimidade _____	Gosto de me sentir amada e cuidada.
~~Justiça~~	
~~Liberdade~~	
Liderança _____	Acho que sim.
Poder _____	Agora que estou fazendo o exercício, interpreto "poder" de forma mais positiva.
~~Prestígio~~	
Reconhecimento _____	Talvez seja por causa da minha criação, mas formar uma família é muito importante para mim e ser chamada de "mamãe" vai me deixar muito orgulhosa.
~~Satisfação~~	
Segurança _____	Não quero envelhecer sozinha.
~~Singularidade~~	
Sucesso _____	Mesma justificativa de reconheimento
Tranquilidade _____	Mesma justificativa de segurança.
~~Valorização~~	

➲ **Agora transfira as palavras que não foram riscadas da lista acima para uma nova tabela, que servirá de guia para os próximos exercícios.**

Na tabela abaixo, vamos marcar as Necessidades de Realização a serem descobertas nos exercícios 2, 3 e 4:

| Lista das Necessidades de Realização da Lúcia ||||||||||||
Exercício n. 1	Exercício n. 2						Exercício n. 3				
Aprovação											
Atenção	✓	✓	✓								
Aventura	✓										
Comunidade											
Conexão	✓	✓	✓								
Controle	✓	✓	✓								
Destaque	✓	✓									
Diversão	✓	✓									
Importância	✓	✓									
Individualidade											
Integridade	✓	✓	✓	✓	✓						
Intimidade	✓	✓	✓	✓							
Liderança											
Poder	✓	✓	✓	✓							
Prestígio	✓	✓									
Segurança	✓	✓									
Sucesso											
Tranquilidade	✓	✓	✓	✓	✓	✓					

Exercício n. 2: Relacionamento atual

Bom, eu namoro bastante... mas eu diria que meu relacionamento atual é com o Steven. Ele é engraçado. Rimos o tempo todo. Então, ele certamente atende à minha necessidade de diversão. Senso de humor facilita as coisas. E ele quer viajar o mundo um dia, que também é um dos meus sonhos.

Steven é barman *numa boate da cidade. Ele trabalha até tarde e está sempre rodeado de mulheres. Ele sabe que isso me deixa louca, mas é o trabalho dele, fazer o quê? Posso sugerir que ele trabalhe numa boate para idosos... Isso me deixa tão insegura às vezes.*

E, embora não tenha problema nenhum em ser barman, *será que um dia conseguiríamos comprar uma casa com o salário que ele ganha e será que ele conseguiria ser um pai dedicado trabalhando até altas horas? É muito cedo para eu conversar seriamente sobre isso, mas ele parece não ter ambição de ser mais do que é.*

O Steven me acha incrível. Quando estamos juntos ele me idolatra e faz com que eu me sinta importante. Está sempre me dando presentinhos e massageando meus pés.

Gosto muito dele, mas meu relógio biológico não para e não consigo parar de pensar que meu sonho de formar uma família não o inclui, pelo menos não com o trabalho que ele tem hoje.

Registro das descobertas da Lúcia:

"NO MEU RELACIONAMENTO ATUAL, EU NÃO GOSTO DE..."	
A. Liste quatro aspectos do seu relacionamento ATUAL que completam a frase *"Eu não gosto de..."*	Agora identifique, em sua Lista das Necessidades de Realização, a necessidade que está faltando.
1. Me preocupar com fidelidade.	⇨ TRANQUILIDADE
2. Achar que ele não vai ser um bom provedor.	⇨ TRANQUILIDADE
3. Pensar que vou ter que criar filhos sem ter apoio.	⇨ TRANQUILIDADE, CONEXÃO
4. Sua falta de ambição para ter uma vida melhor.	⇨ IMPORTÂNCIA, INTEGRIDADE
"NO MEU RELACIONAMENTO ATUAL, EU AMO..."	
B. Liste quatro aspectos do seu relacionamento ATUAL que completam a frase *"Eu amo..."*	Agora identifique, em sua Lista de Necessidades de Realização, a necessidade atendida.
1. O senso de humor do meu parceiro.	⇨ DIVERSÃO
2. Compartilhar o sonho de viajar.	⇨ AVENTURA
2. Ser amada e valorizada.	⇨ ATENÇÃO, INTIMIDADE
3. Sentir que sou importante.	⇨ IMPORTÂNCIA

Exercício n. 3: Relacionamento anterior

Quando penso nos meus relacionamentos anteriores, tem um que se destaca bastante, porque, na época, parecia oferecer toda a tranquilidade que sempre desejei.

Conhecer o Paul foi eletrizante. Ele era professor universitário de mecânica quântica. Tinha um jeito fascinante de descrever como o mundo subatômico funciona. Eu não entendia maior parte do que ele dizia, mas seu entusiasmo era contagioso. Quando ele começava a explicar o mundo daquela maneira delirante e complicada, parecia que eu estava abrindo uma cortina e espiando os segredos do universo.

O Paul também tinha um coração romântico e imaginava que um dia formaria uma família. Tinha um bom salário e estabilidade no emprego, que é a maior tranquilidade que se pode querer.

O que eu não amava no Paul era sua aversão à intimidade. Quando eu me aproximava, ele se afastava. Quando eu chorava, ele acariciava minhas costas e dizia palavras de conforto, mas nunca quis realmente me entender. Estar com o Paul era deixar minha personalidade de lado e deixar que ele preenchesse todo o espaço.

Talvez por ser brilhante e idolatrado pelos alunos ele não entendia o que era vulnerabilidade e humildade.

Cansei de tentar conquistar um coração que não se abria. Isso fazia com que eu me sentisse mal – como se eu não fosse importante ou digna de amor.

Registro das descobertas da Lúcia:

"NO MEU RELACIONAMENTO ANTERIOR, EU NÃO GOSTAVA DE..."	
A. Liste quatro aspectos do seu relacionamento ANTERIOR que completam a frase *"Eu não gostava de..."*	Agora identifique, em sua Lista das Necessidades de Realização, a necessidade que estava faltando.
1. Sentir um distanciamento quando expressava minhas emoções.	⇨ INTIMIDADE, CONEXÃO
2. Não ser compreendida.	⇨ INTIMIDADE, PRESTÍGIO
3. Ser tratada em segundo plano no relacionamento.	⇨ PODER, PRESTÍGIO
4. Ir atrás de alguém que não compartilhava da minha paixão.	⇨ ATENÇÃO, INTIMIDADE
"NO MEU RELACIONAMENTO ANTERIOR, EU AMAVA..."	
B. Liste quatro aspectos do seu relacionamento ANTERIOR que completam a frase *"Eu amava..."*	Agora identifique, em sua Lista das Necessidades de Realização, a necessidade que era atendida.
1. A sensação de estar fascinada por alguém.	⇨ DIVERSÃO, DESTAQUE
2. Compartilhar o sonho de formar uma família.	⇨ CONEXÃO, TRANQUILIDADE
3. O fato de ele ser admirado e respeitado.	⇨ PODER, INTEGRIDADE
4. A ideia de tranquilidade financeira e estabilidade.	⇨ TRANQUILIDADE, SEGURANÇA

Exercício n. 4: O pior relacionamento da minha vida

Meu Deus... eu preciso mesmo falar disso? Meu pior relacionamento pode ser considerado um farol para todas as mulheres. Não navegue por essas águas! Região com bancos de areia! É claro que estou falando de um relacionamento que se tornou abusivo. Não física, mas emocionalmente.

Mark era bombeiro. Era um herói em vários sentidos. Corajoso e decidido. Seus colegas no corpo de bombeiros sabiam que podiam contar com ele. Mark era tão determinado a servir que sempre tive a impressão de que tinha acontecido algo horrível em sua vida que o fazia exagerar em seus esforços. Sempre provando a si mesmo, sempre matando algum dragão.

De repente comecei a ir atrás dele, presa numa paixão que fazia com que eu não enxergasse as coisas direito. Mark era um cavalheiro no início. Sempre com gestos de carinho, abrindo as portas ou me oferecendo o braço quando andávamos na rua à noite. Mas, com o passar do tempo, ele começou a perder a cabeça, a me culpar por pequenas coisas e, o pior de tudo, a me criticar e humilhar.

Caímos num padrão vicioso de raiva, linguagem abusiva e reconciliação. Cheguei ao ponto de acreditar que não tinha escolha a não ser ficar com o Mark. Quem mais ia me querer? Ele fazia de tudo para que minha autoestima fosse tão baixa a ponto de eu me sentir grata por qualquer bondade que ele demonstrasse.

Foram tempos terríveis, mas felizmente não duraram muito. Com a ajuda de terapia, percebi que a raiva e a linguagem depreciativa não tinham nada a ver comigo. Decidi que, se ele tinha que resolver questões do passado, ia fazê-lo sem mim.

Registro das descobertas da Lúcia:

"NO PIOR RELACIONAMENTO DA MINHA VIDA, EU NÃO GOSTAVA DE..."	
A. Liste quatro aspectos do PIOR relacionamento da sua vida que completam a frase *"Eu não gostava de..."*	Agora identifique, em sua Lista das Necessidades de Realização, a necessidade que estava faltando.
1. Ver que ele tentava compensar dores passadas.	⇨ INTEGRIDADE, CONTROLE
2. Sentir medo de seus ataques e de seu mau humor.	⇨ SEGURANÇA
3. Ser criticada por coisas que não diziam respeito a mim.	⇨ INTEGRIDADE, CONTROLE
4. Minha baixa autoestima.	⇨ DESTAQUE, PODER
"NO PIOR RELACIONAMENTO DA MINHA VIDA, EU AMAVA..."	
B. Liste quatro aspectos do PIOR relacionamento da sua vida que completam a frase *"Eu amava..."*	Agora identifique, em sua Lista das Necessidades de Realização, a necessidade que era atendida.
1. Estar com uma pessoa que era admirada e respeitada.	⇨ INTEGRIDADE
2. Me sentir respeitada e valorizada no início.	⇨ ATENÇÃO
3. Imaginar uma vida com uma renda confortável.	⇨ TRANQUILIDADE, CONTROLE
4. Ter aprendido que minha autoestima vem de mim mesma.	⇨ PODER

As Quatro Principais Necessidades de Realização da Lúcia

Integridade

Intimidade

Poder

Tranquilidade

O que mudou para a Lúcia?

Sabe, se eu tivesse feito uma lista das minhas Necessidades de Realização sem seguir esse processo, acho que teria colocado "diversão" e "aventura". Nunca pensei que "poder" estaria entre as minhas quatro principais necessidades.

Acho que aprendi que, para alcançar minhas reais necessidades, preciso pensar a longo prazo. Integridade, Intimidade, Poder e Tranquilidade... Essas necessidades podem construir uma base sólida para minha vida.

Me sinto mais sábia agora. Posso tocar minha vida em frente e não me precipitar. Talvez meu relacionamento atual com o Steven dê certo, talvez não. Mas agora sei quais são os elementos-chave para que eu tenha uma vida feliz com alguém. Não vejo a hora! Quero dizer, acho que agora sei esperar.

Realização pessoal: Sofia

Meu nome é Sofia e definitivamente estou pronta para mudar minha vida! Nos últimos anos, percebi uma insatisfação crescente com o resultado das coisas em geral – como se eu tivesse perdido o foco de alguma forma. É claro que a vida é mais do que trabalhar, dormir e comer. Não me entenda mal. Amo trabalhar como cabeleireira. Posso ser criativa e interagir com muitas pessoas diferentes (gosto muito de conversar com as pessoas sobre suas vidas), esse trabalho paga minhas contas. Não, meu trabalho não é o problema.

Minha vida social é bastante agitada. Saio bastante com minhas amigas. Vamos jantar fora, ao cinema e a karaokês e bailes funk. Minhas amigas são divertidas e descontraídas, mas nunca nos aprofundamos muito em sentimentos e questões pessoais. Com elas não tem tempo ruim! Mas às vezes (na verdade, na maior parte do tempo ultimamente) sinto que estou estagnada, que nada muda e que o sentido mais profundo do meu breve tempo neste mundo não está sendo explorado.

Não que eu não goste das minhas amigas. Amo todas elas! Mas também sou feliz quando estou sozinha. Tenho uma imaginação fértil que me mantém entretida comigo mesma: rio sozinha, converso comigo mesma (sou um bom papo, hahaha) e gosto de dançar sozinha (com as cortinas fechadas, é claro). Se eu pudesse fazer um clone de mim mesma, acho que eu seria uma ótima amiga e confidente para mim mesma. Tirando o hábito irritante de esquecer as coisas que acabei de dizer e comer tudo o que tem na geladeira... Do que eu estava falando mesmo? Ah, sim...

A questão é... não acho que precise de novas amigas. Só sei que há mais a descobrir sobre mim mesma e sobre minha jornada neste mundo.

Tenho um pensamento recorrente que, para falar a verdade, às vezes me assusta... A ideia de que estou perdendo algum ingrediente-chave para minha felicidade. Acho que alguma necessidade ou necessidades fundamentais não estão sendo atendidas pela vida que criei. Também me preocupo com o passar do tempo e não quero viver com o arrependimento de não ter tomado uma atitude para ser a melhor versão possível de mim mesma. Já assisti ao programa da Oprah o suficiente para saber que existe uma versão mais autêntica de mim mesma esperando para nascer. Só ainda não sei quem ela é ainda e o que a faz realmente feliz.

Me disseram que esse processo de identificar minhas Necessidades de Realização pode me ajudar a descobrir o que vai me trazer a satisfação que desejo. Nunca fui muito de ficar analisando as coisas, mas estou disposta a tentar com esses exercícios.

Exercício n. 1: Reduzindo a lista

"Realização"... huuummm... amo essa palavra. Me faz pensar em sonhos realizados. Já sinto que estou indo na direção certa.

Minha primeira tarefa é revisar a Lista Geral das Necessidades de Realização e escolher aquelas que são importantes para mim e as que não são. Entendo que essa lista apresenta as necessidades que a maioria das pessoas considera importantes e que também posso adicionar as minhas se quiser.

A seguir, você pode acompanhar os resultados do meu trabalho. Estou achando esse processo muito divertido! Faz com que eu perceba o quanto as pessoas são diferentes e que há várias maneiras de ser feliz. É só encontrar a combinação certa para mim.

Lista reduzida das Necessidades de realização da Sofia

	Observações
Aprovação _____	*Acho que essa é difícil de evitar.*
Atenção _____	*Vinda dos homens? Não sei de que tipo de atenção estamos falando aqui.*
Autonomia _____	*Talvez.*
Aventura _____	*Embora possa não parecer para quem vê de fora, me considero aventureira.*
~~Comunidade~~	
Conexão _____	*Não sei se é mesmo uma necessidade, mas amo as pessoas.*
Contribuição _____	*Com certeza.*
~~Controle~~	
Criatividade _____	*Tenho muito a oferecer nesse departamento.*
~~Desafio~~	
Destaque _____	*A palavra não me parece agradável, mas eu supero.*

Diversão _____	*Acho que entusiasmo seria a palavra certa para mim.*
~~Importância~~	
~~Inclusão~~	
Individualidade ____	*Parece ter a ver comigo.*
Influência _____	*Huumm... Não tenho certeza, mas vou deixar por enquanto.*
Integridade _____	*Se significar viver de acordo com meus próprios critérios de integridade.*
~~Intimidade~~	
Justiça _____	*Interessante. Vou manter na lista por enquanto.*
Liberdade _____	*SIM!!*
Liderança _____	*De certa forma.*
Poder _____	*Gosto de me considerar poderosa, mas não em relação aos outros.*
~~Prestígio~~	
~~Reconhecimento~~	
~~Satisfação~~	
~~Segurança~~	

Singularidade _____	Eu me vejo como uma pessoa única. Será que isso é uma necessidade?
~~Sucesso~~	
~~Tranquilidade~~	
Valorização _____	Gosto quando as pessoas me têm em alta estima.

➲ **Agora transfira as palavras que não foram riscadas da lista acima para uma nova tabela, que servirá de guia para os próximos exercícios.**

Na tabela a seguir, vamos marcar as Necessidades de Realização a serem descobertas nos exercícios 2, 3 e 4:

Lista de Necessidades de Realização da Sofia

	Exercício n. 1				Exercício n. 2				Exercício n. 3				Exercício n. 4			
Aprovação	✓	✓														
Atenção	✓															
Autonomia	✓															
Aventura	✓	✓	✓													
Conexão	✓	✓	✓	✓	✓	✓										
Contribuição	✓	✓														
Criatividade	✓	✓	✓													
Destaque	✓	✓														
Diversão	✓	✓	✓	✓												
Individualidade																
Influência	✓															
Integridade	✓	✓														
Justiça	✓	✓														
Liberdade	✓	✓	✓	✓	✓	✓										
Liderança																
Poder	✓	✓														
Singularidade	✓	✓	✓	✓												
Valorização	✓															

Exercício n. 2: Experiência de vida atual

Defino minha vida pessoal como a totalidade das minhas experiências, mas sem incluir meus relacionamentos e meu trabalho – o que eu faço, sinto e penso quando estou sozinha ou com amigos, e como vejo a pessoa que sou em relação ao mundo. Também considero que minha vida pessoal inclui minhas crenças espirituais e filosóficas e as ideias que definem minha personalidade.

Como mencionei antes, tenho uma vida social divertida e bastante agitada. Minhas amigas estão sempre atrás de diversão, e sei que elas gostam de mim e da minha companhia. Gosto de fazer parte do grupo. O problema é que elas não me conhecem de verdade. Tenho medo que minhas amigas se assustem se eu começar a falar seriamente sobre as coisas que são importantes para mim. Quanto karaokê e quanto baile funk ainda vou conseguir aguentar?

Quando estou sozinha, amo ler sobre religião e espiritualidade. Gosto de me surpreender e questionar as ideias que tenho sobre a vida e descobrir aspectos da minha "verdadeira" identidade. Eu sei, isso é bem profundo para uma cabeleireira.

Comecei a meditar também. No meu dia a dia falo muito e as pessoas à minha volta falam muito também, então tirar um tempo para silenciar minha mente tem sido esclarecedor.

Registro das descobertas da Sofia:

"NA MINHA EXPERIÊNCIA DE VIDA ATUAL, EU NÃO GOSTO DE..."	
A. Liste quatro aspectos da sua experiência de vida ATUAL que completam a frase *"Eu não gosto de..."*	Agora identifique, em sua Lista das Necessidades de Realização, a necessidade que está faltando.
1. Me sentir limitada a discussões superficiais.	⇨ CONEXÃO
2. Ter medo de ser vista como excêntrica ou estranha.	⇨ JUSTIÇA
3. Achar que minha vida está sendo desperdiçada com coisas simplórias.	⇨ DESTAQUE, SINGULARIDADE
4. Não explorar novas ideias e modos de ser.	⇨ CRIATIVIDADE
"NA MINHA EXPERIÊNCIA DE VIDA ATUAL, EU AMO..."	
B. Liste quatro aspectos da sua experiência de vida ATUAL que completam a frase *"Eu amo..."*	Agora identifique, em sua Lista das Necessidades de Realização, a necessidade atendida.
1. Ter um grupo de amigas com quem posso contar.	⇨ CONEXÃO
2. Explorar todo tipo de ideia sobre quem sou eu.	⇨ AVENTURA
3. Fazer as pessoas rirem e se sentirem bem.	⇨ CONTRIBUIÇÃO, DIVERSÃO
4. Descobrir uma sensação profunda de paz e foco.	⇨ INTEGRIDADE

Exercício n. 3: Experiência de vida passada

A época mais feliz da minha vida foi na infância. Eu amava os verões intermináveis de férias quando íamos para a casa de campo e eu passava horas e horas explorando as florestas em volta do lago e sonhando com o futuro na rede. O que eu mais gostava era de deitar no píer e ficar olhando as estrelas tentando imaginar as distâncias inimagináveis.

Eu esticava a mão em direção ao céu e ficava maravilhada com a silhueta dos meus dedos sobreposta às constelações. Como o universo podia ser tão grande? Como eu podia ser tão pequena? Por que sou tão pequena no meio de algo tão grande? O universo foi todo projetado só para nós? Tantas questões... tanto mistério.

Mesmo quando era criança eu sabia que essas questões eram importantes. Meus pais não sabiam as respostas... Sei disso porque perguntava coisas a eles. Meus pais pareciam se divertir com minha curiosidade insaciável e, ao mesmo tempo, ficavam um pouco constrangidos com minha seriedade a respeito. Talvez meus pais achassem que Barbies e forninhos devessem ser o ápice da vida para uma criança de nove anos. Eu me sentia um pouco estranha e talvez isso tenha feito com que eu selecionasse bem o que dizia, para que meus pais continuassem me amando da mesma forma.

Meus irmãos achavam que eu era louca, então eu sabia que não devia dividir com eles esse meu lado. Uma vez sugeri que não podíamos ser os únicos seres no universo, que outras espécies inteligentes tinham de existir, afinal o universo era grande demais! Quer dizer, sério, você nunca pensou nisso? Bom, meus irmãos passaram o resto do verão me chamando de E.T. Hoje dou risadas dessa história, mas ainda me lembro da vergonha que sentia por ser rotulada e ridicularizada pelo simples fato de ser curiosa e imaginativa. Acho que minha lição de vida na época foi que eu precisava guardar meus pensamentos só para mim e ser mais cuidadosa a respeito do que podia falar abertamente.

Registro das descobertas da Sofia:

"NA MINHA EXPERIÊNCIA DE VIDA PASSADA, EU NÃO GOSTAVA DE..."	
A. Liste quatro aspectos da sua experiência de vida PASSADA que completam a frase *"Eu não gostava de..."*	Agora identifique, em sua Lista das Necessidades de Realização, a necessidade que estava faltando.
1. Sentir que eu não podia expressar minha curiosidade.	⇨ LIBERDADE, SINGULARIDADE
2. Ter medo de que as pessoas não me amassem.	⇨ APROVAÇÃO, VALORIZAÇÃO
3. Ter vergonha por ser vista como estranha.	⇨ LIBERDADE, APROVAÇÃO
4. Não ter com quem compartilhar meus pensamentos.	⇨ CONEXÃO
"NA MINHA EXPERIÊNCIA DE VIDA PASSADA, EU AMAVA..."	
B. Liste quatro aspectos da sua experiência de vida PASSADA que completam a frase *"Eu amava..."*	Agora identifique, em sua Lista das Necessidades de Realização, necessidade que era atendida.
1. Ter tempo para explorar minha própria imaginação.	⇨ CRIATIVIDADE, DIVERSÃO
2. Me sentir conectada com a natureza.	⇨ AVENTURA
3. Me permitir refletir profundamente sobre as coisas.	⇨ LIBERDADE
4. Desenvolver minha autossuficiência.	⇨ PODER

Exercício n. 4: A pior experiência de vida

Minha pior experiência de vida sem dúvida foi o verão depois da formatura do ensino médio. Eu estava tão animada por estar começando uma vida nova e com meu primeiro emprego. Achava que iria realmente vivenciar a Liberdade pela primeira vez.

Mas o que aconteceu de verdade foi que a maioria dos meus amigos foi embora, para a faculdade ou para trabalhar em outra cidade. Fui de popular e super-requsitada, no último ano da escola, a sem rumo, abandonada e desiludida. Foi um despertar brusco para a realidade de deixar a infância, a adolescência e os amigos da escola para trás para construir uma vida própria. Talvez eles tenham ensinado sobre isso nas aulas que faltei...

Passei meses de luto pela minha velha identidade. Mas, como a vida costuma fazer, comecei a me sentir mais forte e mais capaz. Comecei a fazer escolhas sozinha (como me matricular no curso de cabeleireira) e fazer um curso de administração na faculdade comunitária. Fiz novos amigos que tinham todo tipo de experiência, amigos que escolhi porque gostava deles e porque compartilhávamos os mesmos interesses, não só porque moravam na casa ao lado da minha ou jogavam no mesmo time que eu.

Às vezes é preciso desmontar um pouco as coisas para criar algo novo e melhor. Foi um momento difícil na minha vida, mas as feridas valeram a pena.

Registro das descobertas da Sofia:

"NA MINHA PIOR EXPERIÊNCIA DE VIDA, EU NÃO GOSTAVA DE..."	
A. Liste quatro aspectos da sua PIOR experiência de vida que completam a frase *"Eu não gostava de..."*	Agora identifique, em sua Lista das Necessidades de Realização, a necessidade que estava faltando.
1. Me sentir desconectada de meus velhos amigos.	⇨ CONEXÃO
2. Me sentir menos importante na minha comunidade.	⇨ INFLUËNCIA, ATENÇÃO
3. Sofrer por uma vida passada que era confortável.	⇨ DIVERSÃO
4. Não ver um propósito ou uma direção clara em minha vida.	⇨ SINGULARIDADE
"NA MINHA PIOR EXPERIÊNCIA DE VIDA, EU AMAVA	
B. Liste quatro aspectos da sua PIOR experiência de vida que completam a frase *"Eu amava..."*	Agora identifique, em sua Lista de Necessidades de Realização, a necessidade que era atendida.
1. Uma percepção crescente do meu próprio poder como adulta.	⇨ PODER, AUTONOMIA
2. Descobrir que eu podia fazer minhas próprias escolhas.	⇨ LIBERDADE
3. Aprender que o mundo está cheio de pessoas diferentes.	⇨ CONEXÃO
4. A sensação de que um mundo de possibilidades se abria para mim.	⇨ LIBERDADE

As Quatro Principais Necessidades de Realização da Sofia

Conexão

Diversão

Liberdade

Singularidade

O que mudou para a Sofia?

O que foi realmente surpreendente para mim, ao fazer os exercícios e examinar as diferentes épocas da minha vida, é que pareço precisar, sim, de conexão com as outras pessoas para me sentir feliz e realizada. Por mais que eu me veja como uma exploradora intrépida, fico muito feliz de estar com os outros e de compartilhar experiências com eles. Posso escolher me divertir com meus amigos e, ao mesmo tempo, sentir orgulho da minha singularidade entre eles.

Isso não quer dizer que minha jornada pessoal e espiritual não seja importante. É a coisa mais importante para mim nesta época da minha vida. Mas agora sei como posso ser criativa e encontrar um jeito de combinar essas necessidades para ter uma vida mais realizada, em contato constante com o que me dá alegria.

Estou muito animada para ver qual vai ser minha próxima escolha!

Agora é a sua vez

Então, preparado para fazer esses mesmos exercícios? Vamos lá.

O processo de descoberta

Usamos quatros exercícios para ajudá-lo a descobrir quais são suas Necessidades de Realização:

Exercício n. 1 – Reduzir a Lista Geral das Necessidades de Realização.

Exercício n. 2 – Fazer o registro das descobertas no momento presente (em relação à sua situação profissional, amorosa e pessoal ATUAL).

Exercício n. 3 – Fazer o registro das descobertas no passado (em relação à sua situação profissional, amorosa e pessoal ANTERIOR).

Exercício n. 4 – Fazer o registro das descobertas no pior momento da sua vida (em relação à sua PIOR situação profissional, amorosa e pessoal).

Quando estiver preenchendo os registros das suas descobertas, lembre-se:

- Cada aspecto do que você gosta ou não gosta em qualquer área pode estar relacionado a mais de uma

Necessidade de Realização. Liste todas as que você achar que se aplicam.
- Você pode descobrir que a mesma necessidade está faltando em vários aspectos do seu momento presente. Se isso acontecer, anote e coloque uma marca ao lado da necessidade sempre que identificá-la como não atendida.
- A quantidade de marcas revela a importância de uma necessidade, quer você a tenha identificado como atendida ou não.
- Após completar todos os três exercícios para cada uma das áreas, você pode descobrir que algumas necessidades não foram marcadas. Isso quer dizer que elas não estão entre as quatro principais necessidades para você.

O processo da tomada de decisão

As pessoas tomam decisões seguindo processos diferentes. Identifico quatro estilos de aprendizagem que as pessoas usam para tomar decisões. Conhecer e saber mais sobre o seu processo de tomada de decisão vai ajudá-lo nos exercícios. Você consegue reconhecer e identificar seu processo de tomada de decisão?

👁	Você pode **ver** uma palavra e ser capaz de dizer imediatamente se ela se aplica ao seu caso.
👂	Você pode achar que a palavra combina com vocês, que **soa** bem aos seus ouvidos.
🤝	Você pode **sentir** que determinadas palavras são certas para você. Pode ter uma **intuição** quanto a palavras que funcionam ou não para você.
🧠	Você pode simplesmente **saber** quais palavras deveriam estar em sua lista pessoal – elas fazem sentido para você.

Exercício n. 1: Reduzindo a Lista Geral das Necessidades de Realização

	Observações
Aprovação Atenção Autonomia Aventura Comunidade Conexão Contribuição Controle Criatividade Desafio Destaque Diversão Importância Inclusão Individualidade Influência Integridade Intimidade Justiça Liberdade Liderança Poder Prestígio Reconhecimento Satisfação Segurança Singularidade Sucesso Tranquilidade Valorização	

Exercício n. 2: Em relação à sua situação profissional, amorosa e pessoal ATUAL

Registro das descobertas:

"NO MEU TRABALHO, RELACIONAMENTO E EXPERIÊNCIA DE VIDA ATUAL, EU NÃO GOSTO DE..."	
A. Liste quatro aspectos do seu trabalho, relacionamento ou experiência de vida ATUAL que completam a frase *"Eu não gosto de..."*	Agora identifique, em sua Lista das Necessidades de Realização, a necessidade que estava faltando.
1.	⇨
2.	⇨
3.	⇨
4.	⇨
"NO MEU TRABALHO, RELACIONAMENTO OU EXPERIÊNCIA DE VIDA ATUAL, EU AMO..."	
B. Liste quatro aspectos do seu trabalho, relacionamento ou experiência de vida ATUAL que completam a frase *"Eu amo..."*	Agora identifique, em sua Lista das Necessidades de Realização, a necessidade que era atendida.
1.	⇨
2.	⇨
3.	⇨
4.	⇨

Exercício n. 3: Em relação à sua situação profissional, amorosa e pessoal ANTERIOR

Registro das descobertas:

"NO MEU TRABALHO, RELACIONAMENTO OU EXPERIÊNCIA DE VIDA ANTERIOR, EU NÃO GOSTAVA DE..."	
A. Liste quatro aspectos do seu trabalho, relacionamento ou experiência de vida ANTERIOR que completam a frase *"Eu não gostava de..."*	Agora identifique, em sua Lista das Necessidades de Realização, a necessidade que está faltando.
1.	⇨
2.	⇨
3.	⇨
4.	⇨
"NO MEU TRABALHO, RELACIONAMENTO OU EXPERIÊNCIA DE VIDA ANTERIOR, EU AMAVA..."	
B. Liste quatro aspectos do seu trabalho, relacionamento ou experiência de vida ANTERIOR que completam a frase *"Eu amava..."*	Agora identifique, em sua Lista das Necessidades de Realização, a necessidade atendida.
1.	⇨
2.	⇨
3.	⇨
4.	⇨

Exercício n. 4: Em relação à sua pior situação profissional, amorosa e pessoal

Registro das descobertas:

"NO PIOR TRABALHO, RELACIONAMENTO OU EXPERIÊNCIA DA MINHA VIDA, EU NÃO GOSTAVA DE..."	
A. Liste quatro aspectos do PIOR trabalho, relacionamento ou experiência da sua vida que completam a frase *"Eu não gostava de..."*	Agora identifique, em sua Lista das Necessidades de Realização, a necessidade que estava faltando.
1.	⇨
2.	⇨
3.	⇨
4.	⇨
"NO PIOR TRABALHO, RELACIONAMENTO OU EXPERIÊNCIA DA MINHA VIDA, EU AMAVA..."	
B. Liste quatro aspectos do PIOR trabalho, relacionamento ou experiência da sua vida que completam a frase *"Eu amava..."*	Agora identifique, em sua Lista das Necessidades de Realização, a necessidade que era atendida.
1.	⇨
2.	⇨
3.	⇨
4.	⇨

Minha Lista Reduzida de Necessidades de Realização			
Exercício n. 1	Exercício n. 2	Exercício n. 3	Exercício n. 4

Quando estiver preenchendo o registro das suas descobertas, lembre-se:

- Cada aspecto da sua vida de que você gosta ou não gosta pode estar relacionado a mais de uma Necessidade de Realização. Liste todas as que você achar que se aplicam.
- Você pode descobrir que a mesma necessidade está faltando em vários aspectos da sua vida atual. Se isso acontecer, anote e coloque uma marca (✓) ao lado da necessidade sempre que identificá-la como não atendida.
- A quantidade de marcas (✓) revela a importância de uma necessidade, quer você a tenha identificado como presente ou não atendida.
- Após completar todos os três exercícios, você pode descobrir que algumas necessidades não foram marcadas. Isso quer dizer que elas não estão entre as Quatro Principais para você.

terceiro passo:

A APLICAÇÃO

Agora que você conhece suas Necessidades de Realização, o que deve fazer?

Não saber o que faz com que você se sinta realizado pode levá-lo a se envolver com pessoas, situações e empregos que não fazem bem a você. Felizmente, agora você sabe que o motivo pelo qual algo não lhe faz bem é não atender a suas necessidades. Por isso é tão importante conhecer suas Necessidades de Realização.

Agora que você sabe quais são suas Quatro Principais Necessidades de Realização, pode começar a usar essa informação como critério ou termômetro para sua tomada de decisão.

Uma das minhas principais Necessidades de Realização é influenciar as pessoas positivamente. Então fico muito satisfeito quando tenho notícias de pessoas que passaram pelos processos e estão animadas por estarem fazendo as coisas de um jeito diferente.

Seguem alguns exemplos de como as pessoas usam o autoconhecimento conquistado para melhorar suas vidas:

Ao procurar por um emprego, muitas dizem estar usando suas Quatro Principais Necessidades para determinar o que vai garantir que se sintam satisfeitas e realizadas. Algumas dizem que as necessidades são até mesmo mais importantes que o salário.

Outras relatam que o relacionamento com parceiros comerciais e colegas de trabalho melhorou após conhecerem as Necessidades de Realização uns dos outros. Algumas equipes dizem se sentir mais conectadas agora que todos passaram pelos processos e levam em consideração as necessidades dos colegas. Algumas até criaram uma lista com as Necessidades de Realização de todos os membros da equipe!

Outros dizem que estão usando a informação para melhorar seus relacionamentos. Agora que conhecem as Necessidades de Realização do parceiro, estão se esforçando para ajudá-los a atendê-las ou, pelo menos, a levá-las em consideração.

Como apliquei minhas Necessidades de Realização em meu trabalho

Após descobrir quais eram minhas Quatro Principais Necessidades de Realização, criei uma vida e um negócio que me permitem atendê-las diariamente. Todas as minhas decisões levam em consideração uma ou mais das minhas Necessidades de Realização.

Conheça minhas estratégias, mantendo em mente minhas Quatro Principais Necessidades de Realização: Atenção, Influência Positiva, Intimidade e Liberdade.

Estratégias para atender às minhas Necessidades de Realização
Seminários de dia inteiro (1-2 vezes por mês)
Apresentações (1-2 vezes por mês)
Sessões de autógrafo
Entrevistas de rádio (2-3 vezes por semana)
Página do Facebook
Aulas por skype com os alunos
Coaching e Aconselhamento

— Ei, Michael,
Fiquei sabendo de uma vaga
de operador de guindaste.
É o dobro do seu salário.
Você tem interesse?

— Huumm, vamos ver...
Será que ela atende a alguma das minhas
Quatro Principais Necessidades de Realização?

De novo, agora é a sua vez

Você consegue imaginar maneiras de incorporar o que aprendeu sobre suas Quatro Principais Necessidades de Realização para melhorar sua vida? Dedique um tempo a explorar e considerar as observações e ideias que certamente estão ficando mais claras conforme você estabelece conexões entre experiências passadas e as Necessidades de Realização recém-descobertas.

Você consegue se comprometer a fazer mais coisas que atendam às suas necessidades? A partir de agora, você terá uma percepção aguçada quanto a tarefas que não fazem com que se sinta realizado. Tente cumpri-las mais rápido!

Que estratégias você pode incorporar à *sua* vida para que suas Quatro Principais Necessidades de Realização sejam atendidas diariamente?

Estratégias para atender às minhas Necessidades de Realização

Resumindo:

- ❏ Podemos usar nossas Necessidades de Realização para tomar decisões.
- ❏ Podemos criar estratégias para que nossas Necessidades de Realização sejam atendidas diariamente.

Atenção agora!!

> *Você pode deixar suas Quatro Principais Necessidades de Realização ainda mais claras.*

Usando estratégias positivas ou negativas para atender às suas Necessidades de Realização

Agora que identificou suas Quatro (ou mais) Principais Necessidades de Realização, segue um exercício para verificar a precisão das suas quatro escolhas e talvez revelar qual delas é a mais importante para você.

Você pode ter marcado várias Necessidades de Realização o mesmo número de vezes e agora estar em dúvida quanto a qual é a principal. Ou talvez tenha marcado uma Necessidade de Realização várias vezes, mas ainda não tenha certeza de que ela realmente se encaixa.

Uma maneira de testar quais Necessidades de Realização deveriam estar entre as suas Quatro Principais (ou de identificar qual é a mais importante) é se perguntar o seguinte:

Houve um momento no passado em que usei estratégias negativas ou ineficazes para atender a essa Necessidade de Realização?

Na maior parte dos casos, se for uma das suas Quatro Principais, a resposta será sim.

Por exemplo, para ajudá-lo a decidir se Chamar Atenção é uma das suas Quatro Principais, pergunte a si mesmo se já usou maneiras negativas de atender a essa necessidade. Em outras palavras, você já foi o palhaço da turma? Gostava de se mostrar? Se a resposta for sim, pode ser um bom indicativo de que Chamar Atenção é uma das suas Quatro Principais Necessidades de Realização.

E quanto a ter Aprovação? Você já usou maneiras negativas de conseguir a aprovação de alguém? Se você se lembrar de algum momento em que já foi capaz de fazer qualquer coisa para conseguir atenção ou aprovação, saberá que está no caminho certo ao escolher essas necessidades como duas de suas Quatro Principais.

Estratégias positivas e negativas

Estratégias positivas e negativas para atender às suas Necessidades de Realização		
Necessidades de Realização	Estratégia positiva	Estratégia negativa
Conexão	Ser sociável no trabalho	Exagerar na tentativa de ser agradável
Diversão	Organizar eventos e jantares	Quando era mais nova, às vezes eu gozava com a cara das pessoas
Liberdade	Separar um dia na semana para fazer o que eu quiser	Cancelar compromissos com a família e os amigos

Liste suas Quatro Principais Necessidades de Realização no quadro abaixo e tente se lembrar de momentos em que usou estratégias positivas e negativas para atendê-las.

Estratégias positivas e negativas para atender às suas Necessidades de Realização		
Suas Necessidades de Realização	Estratégia positiva	Estratégia negativa

Adicione linhas se estiver em dúvida quanto a mais necessidades.

Talvez você perceba que usou mais estratégias negativas para atender a uma das suas Quatro Principais Necessidades do que para as outras. Preste atenção nisso; pode significar que essa seja sua necessidade dominante.

O exercício dos adesivos: como ordenar suas Quatro Principais Necessidades de Realização

Se tudo der certo, ao fim deste exercício, você vai ter estabelecido uma ordem de importância para suas Quatro Principais Necessidades de Realização.

1. Use sua intuição

Escreva cada uma das suas Quatro (ou mais) Principais Necessidades de Realização num adesivo. Pense em cada uma delas. Essa necessidade se encaixa na sua vida? Ela faz sentido? Tem a ver com você? Você se vê assim?

Enquanto pensa em cada necessidade, use sua intuição para colocá-las em orem, da mais importante para a menos importante. Cole os post-its numa parede ou num quadro de forma que a mais importante fique no topo e a menos importante na base. Altere o lugar das notas até encontrar a ordem que mais se encaixe na sua vida, a que mais faça sentido para você, a que pareça a ordem certa.

2. Lembre-se de acontecimentos tristes ou insatisfatórios

Lembre-se de acontecimentos ou momentos em que não se sentiu realizado. Acontecimentos marcantes que o deixaram infeliz são um bom indicativo de que suas necessidades não eram atendidas. Sempre que se lembrar de um acontecimento de que não gostou, volte aos post-its e tente identificar quais das suas necessidades não foram atendidas.

Esse exercício pode ser uma ferramenta poderosa para descobrir quais Necessidades de Realização são mais importantes para você. Costuma ser mais fácil relembrar acontecimentos ou ocasiões que não nos trouxeram alegria, e agora que você sabe quais são suas Quatro Principais Necessidades de Realização, e começou a colocá-las em ordem, pode começar a entender por que era tão infeliz.

Por exemplo, Joe, um dos meus clientes, determinou que Reconhecimento estava entre suas Quatro Principais. Ele tinha uma lembrança forte de uma época em que trabalhou à noite e aos fins de semana para finalizar um projeto especial para seu chefe e seus esforços não tiveram reconhecimento algum. Ele se lembra de sentir raiva e ressentimento, e hoje entende que esses sentimentos tinham como raiz sua forte Necessidade de Reconhecimento.

3. Lembre-se de acontecimentos felizes ou satisfatórios

Lembre-se de experiências que lhe trouxeram alegria. Sempre que se pegar dizendo "Uau! Adorei quando *isso* aconteceu", tente identificar quais das suas Necessidades de Realização foram atendidas. Isso pode ajudá-lo a entender por que se sentiu tão bem.

Joe também tinha uma recordação clara da época em que ajudou os vizinhos idosos a podar uma árvore no quintal. Durante anos eles reconheceram sua ajuda, mencionando a ocasião sempre que o cumprimentavam por cima da cerca ou recebiam os vizinhos para uma confraternização. Hoje ele entende por que isso importava tanto para ele.

4. Lembre-se de uma ocasião em que tomou uma decisão importante:

- Colocou fim a um relacionamento ou uma amizade.
- Iniciou um novo relacionamento ou uma nova amizade.
- Largou um emprego.
- Aceitou um emprego.
- Comprou algo importante como uma casa, por exemplo.
- Escolheu um lugar para conhecer.
- Comprou um carro.
- Deixou de fazer uma atividade voluntária.
- Passou a fazer uma atividade voluntária.
- Entrou para um grupo ou clube.
- Deixou um grupo ou clube.

O que o ajudou a tomar essas decisões? Elas fazem mais sentido hoje? Você entende melhor por que incorporou alguma coisa à sua vida ou por que a cortou dela?

Identifique e compreenda a relação entre as decisões que tomou e suas Necessidades de Realização.

5. Repare no que tem feito com que você se sinta realizado agora

Assim que tiver uma experiência que o satisfaça complemente, volte aos adesivos e revise sua ordem. Perceba quais Necessidades de Realização foram atendidas e qual foi a mais importante. Mude a ordem dos post-its, se for o caso. Na próxima experiência satisfatória que tiver, perceba novamente quais necessidades são atendidas e se a ordem ainda parece correta.

Crie o hábito de voltar à sua Lista de Necessidades de Realização até que consiga se lembrar delas com facilidade e usá-las para avaliar qualquer situação.

Pode ser que você perceba que muitas de suas experiências passadas estão relacionadas a uma necessidade em particular. Isso pode ser um bom indicativo de que tal Necessidade de Realização é muito importante para você. Preste atenção, reconheça que ela é importante e avalie se faz sentido colocá-la no topo da sua lista.

Pode ser que você reorganize os adesivos várias vezes antes que a ordem passe a fazer sentido para você. Volte à sua lista regularmente e avalie a ordem até ficar satisfeito. O objetivo das notas adesivas é fazer com que você mantenha os olhos nas suas Quatro Principais Necessidades de Realização e realmente enxergue o quanto elas são importantes para você.

Um dia talvez você tenha considerado que todas as 30 Necessidades de Realização faziam sentido para você, mas agora você as reduziu a quatro.

Muito bem! Você avançou muito. Parabéns!

Resumindo:

- Podemos usar estratégias positivas e negativas para fazer com que nossas Necessidades de Realização sejam atendidas.
- Podemos analisar nossas experiências e usar a informação para colocar nossas Quatro Principais Necessidades de Realização em ordem de importância.
- Podemos usar as sugestões fornecidas para colocar nossas principais Necessidades de Realização em ordem.
- Podemos mudar a ordem até que ela pareça correta e faça sentido para nós.

ATENÇÃO AGORA!!

Conhecer as suas Necessidades de Realização e as das outras pessoas com quem você convive pode ter um impacto possitivo em seus relacionamentos.

A REALIZAÇÃO NOS RELACIONAMENTOS

Agora que você entende suas Necessidades de Realização, pode compartilhar esses processos e ajudar outras pessoas a identificar e atender as necessidades delas, o que vai melhorar muito os relacionamento que você possa ter.

Em alguns casos, mesmo que não possa compartilhar os processos, você pode observar as pessoas, adivinhar quais podem ser suas Necessidades de Realização e melhorar o relacionamento e a comunicação por conta própria. Você pode se surpreender com o impacto que sua nova consciência pode ter.

Seu relacionamento principal

Conhecer as Necessidades de Relacionamento do parceiro é um atalho para a felicidade porque elimina os jogos de adivinhação e lutas de poder e permite que os dois sejam quem realmente são. A compreensão e a compaixão mútuas aproximam um casal. O dia a dia do relacionamento fica muito mais divertido e, quando a vida lançar desafios, conseguimos enfrentá-los como uma equipe sólida.

Quando descobrimos nossas Necessidades de Realização e as de nossos parceiros, passamos a entender com maior clareza o comportamento um do outro. Assim, tomar decisões grandes ou pequenas fica muito mais fácil, porque entendemos as motivações que trazem alegria às nossas vidas, individualmente e como casal. Descobrir nossas Necessidades de Realização fornece uma ferramenta essencial para compreender as perspectivas um do outro muito mais rápido e com muito mais facilidade.

Você já deve ter ouvido alguém (talvez até você mesmo) reclamar por não se sentir realizado em seu relacionamento. Também deve conhecer pessoas que se sentem, sim, realizadas em seu relacionamento; dá para ver quando estamos com elas.

Quando preencheu o Registro das Descobertas sobre seus relacionamentos, você deve ter entendido por que suas necessidades não eram atendidas em seu relacionamento atual e nos anteriores.

Quando você e seu parceiro conhecem e apoiam as Necessidades de Realização um do outro, podem melhorar a harmonia e a comunicação entre vocês.

Como começar? Preferivelmente, tanto você quanto seu parceiro devem estar interessados em aprender a melhorar a realização um com o outro e por si mesmos.

Meus clientes Brenda e Paulo eram casados há oito anos e tinham uma família. Ambos queriam se sentir mais realizados no relacionamento. Primeiro ajudei cada um deles a passar pelos processos de descoberta de suas Quatro Principais Necessidades de Realização.

Necessidades de Realização da Brenda: *Autonomia, Ordem, Segurança e Contribuição*

Necessidades de Realização do Paulo: *Atenção, Liderança, Influência e Contribuição*

Depois disso, pedi a eles que compartilhassem o que tinham descoberto sobre suas necessidades. Além de ter conquistado maior compreensão de suas próprias Necessidades de Realização, eles agora tinham uma nova consciência das necessidades do outro. Os dois se deram conta de que, no passado, não haviam considerado o que fazia com que o outro se sentisse realizado.

Registro das Descobertas da Brenda em relação ao relacionamento com Paulo

Depois de passar pelos processos para descobrir suas Quatro Principais Necessidades de Realização e compartilhá-las com seu parceiro, responda às perguntas a seguir.

(1) O que você aprendeu sobre si mesma?

No passado, eu tinha vergonha de querer Autonomia (ou de gostar de ficar sozinha de vez em quando). Hoje entendo que isso é importante para mim, isso me realiza. E quando as coisas estão em Ordem, isso também faz com que eu me sinta bem. No geral, gosto de poder identificar a Necessidade de Realização que garante meu bem-estar.

(2) O que você aprendeu sobre seu parceiro?

Eu não sabia que a Atenção era tão importante para o Paulo, e que minha necessidade de Autonomia às vezes entrava em conflito com isso. Também aprendi que uma das maneiras com que ele se sente Contribuindo é por meio da Liderança.

(3) O que você vai fazer diferente em seu relacionamento a partir de agora?

Agora que sei quais são nossas Necessidades de Realização, posso garantir que minhas necessidades sejam atendidas e ajudar o Paulo a fazer o mesmo. Posso tentar deixar que ele "lidere", planeje mais nossas viagens e encontrar maneiras de dar a Atenção de que ele precisa.

(4) Que sugestões você pode dar ao seu parceiro para que ele ajude você a atender a suas Quatro Principais Necessidades de Realização?

Necessidades da Brenda	Sugestões da Brenda para o Paulo
1. *Autonomia*	*Podíamos separar um cômodo da casa onde eu pudesse ficar sozinha e fazer minhas coisas. Eu me sentiria melhor ao fazer isso se tivesse o apoio do Paulo.*
2. *Ordem*	*Como a ordem é importante para mim, ajudaria se o Paulo se lembrasse da minha necessidade de manter meus planos organizados. Ele costuma ficar animado com novas ideias, e seria bom se ele pudesse encontrar maneiras de fazer isso sem atrapalhar meus planos.*
3. *Segurança*	*Estou em processo de transição para meu próprio negócio, então saber que ele vai me apoiar (financeiramente) faria com que eu me sentisse segura.*
4. *Contribuição*	*Nós dois gostamos de contribuir. Fazemos isso juntos há anos. É quando mais ficamos felizes juntos. Vamos fazer isso com mais frequência.*

Agora é a sua vez

Use o mesmo processo que Brenda e Paulo fizeram para descobrir como as suas Necessidades de Realização e as de seu parceiro ou parceira afetam positiva, se forem atendidas, ou negativamente, se não forem.

Registro das suas Descobertas em relação ao seu relacionamento

Depois de passar pelos processos para descobrir suas Quatro Principais Necessidades de Realização e compartilhá-las com seu parceiro, responda às perguntas a seguir.

(1) O que você aprendeu sobre si mesmo?

_____

_____

_____

_____

(2) O que você aprendeu sobre seu parceiro?

_____

_____

_____

_____

(3) O que você vai fazer diferente em seu relacionamento a partir de agora?

_____
_____
_____
_____

(4) Que sugestões você pode dar ao seu parceiro para que ele ajude você a atender a suas Quatro Principais Necessidades de Realização?

_____
_____
_____
_____

Minhas Necessidades de Realização	Minhas sugestões para meu parceiro(a)
1.	
2.	
3.	
4.	

Cole as Necessidades de Realização de vocês dois num lugar onde possam sempre consultá-las. Continuem pensando sobre o relacionamento e tentando encontrar maneiras criativas de ajudar um ao outro a atender a suas Necessidades de Realização.

Aplicando as Necessidades de Realização a outros relacionamentos

Brenda e Paulo também usaram seu conhecimento a respeito das Necessidades de Realização para melhorar a comunicação e o relacionamento com as filhas de 6 e 7 anos. Eles vinham observando as meninas e faziam uma ideia de quais eram as Necessidades de Realização delas. Esse conhecimento faz muita diferença no modo como eles se conectam e se comunicam com as filhas.

A seguir, o que a Brenda e o Paulo acreditavam ser as principais Necessidades de Realização da filha mais velha.

Necessidades de Realização da filha mais velha	Como pais, agora que sabemos quais são as Necessidades de Realização da nossa filha mais velha, vamos
1. *Atenção*	*Ensinar a nossa filha que ela pode ter nossa atenção quando precisar dela.*
2. *Reconhecimento*	*Passar a reconhecê-la com mais frequência – usando palavras que deixem o nosso reconhecimento bem claro.*

A seguir, o que a Brenda e o Paulo acreditavam ser as principais Necessidades de Realização da filha mais nova.

Necessidades de Realização da filha mais nova	Como pais, agora que sabemos quais são as Necessidades de Realização da nossa filha mais nova, vamos
1. *Autonomia*	*Respeitar quando nossa filha pede para "ficar sozinha", lendo um livro ou brincando.*
2. *Controle*	*Deixar que ela seja responsável por algumas tarefas semanais ou mensais da casa.*

Aplicando as Necessidades de Realização à sua equipe de trabalho

Quando três sócios que administravam uma empresa de internet me pediram ajuda para resolver seus problemas de comunicação, logo observei que um dos sócios às vezes se repetia apenas para ser ouvido e reconhecido.

Adivinhei que Reconhecimento devia ser uma de suas Principais Necessidades e perguntei como era para ele apresentar uma ideia aos outros sócios. Ele me disse que costumava se sentir frustrado quando eles simplesmente concordavam com a cabeça ou nem respondiam seus e-mails. Quando sentia que não era ouvido ou reconhecido, era difícil para ele levantar ideias com os outros.

Os sócios ficaram surpresos ao saber que ele não se sentia reconhecido e não tinham percebido o quanto isso era importante para ele. Como essa não era uma necessidade importante para eles, não a perceberam nele. Quando descobriram, concordaram fazer um esforço para reconhecer suas contribuições.

Discutimos seu objetivo mútuo, que era ter um negócio saudável, harmonioso e próspero, e sobre como conhecer e trabalhar com as Necessidades de Realização um do outro poderia ajudá-los a alcançar esse objetivo.

Resumindo:

- [ ] Conhecer minhas Principais Necessidades de Realização e as de meu parceiro pode melhorar muito nosso relacionamento e nossa comunicação.
- [ ] Podemos encontrar maneiras de ajudar o outro a garantir que suas Necessidades de Realização sejam atendidas.
- [ ] Outros tipos de relacionamentos também podem ser melhorados quando sabemos e apoiamos as Necessidades de Realização das pessoas.

LEMBRE-SE:

Você pode usar a Lei da Atração para satisfazer suas Necessidades de Realização.

Aplicando a Lei da Atração para atrair oportunidades de satisfazer suas Necessidades de Realização

Agora que você tem uma maior compreensão a respeito do que faz com que se sinta realizado, chegou a hora de explorar a Lei da Atração para atrair as oportunidades, ideias e informações que vão ajudá-lo a atender a suas Necessidades de Realização.

Em meu primeiro livro, *A Lei da Atração*, explico como podemos atrair as coisas que queremos para nossas vidas. As palavras que usamos e os pensamentos que temos nos fazem enviar uma vibração, e aquilo que atraímos corresponde às vibrações que emitimos. A vida é energia, e energia atrai energia semelhante.

Em termos mais simples, a Lei da Atração significa que podemos atrair para nossas vidas aquilo a que dirigimos nossa atenção, energia e foco, seja positivo ou negativo.

Palavras e pensamentos criam vibrações

Palavras	Pensamentos	Vibrações +/-

Tenho muitos exemplos de momentos em que atraí oportunidades que atendiam a todas as minhas principais Necessidades de Realização. Você também pode ter!

O **1° Passo** da Lei da Atração é identificar o que você quer. Neste livro, você já fez isso ao identificar suas Necessidades de Realização e algumas estratégias para atendê-las.

O **2° Passo** da Lei da Atração é direcionar atenção, energia e foco àquilo que deseja, para enviar vibrações positivas que sejam correspondidas pela Lei da Atração.

Para ajudá-lo com o 2° Passo, seguem alguns roteiros que você pode usar para direcionar atenção, energia e foco às necessidades que deseja atender. Os roteiros foram projetados para dar atenção positiva aos seus desejos.

Afirmações para direcionar atenção, energia e foco para seus desejos

Afirmação n. 1: "Estou em um processo de atrair e permitir tudo o que eu preciso fazer, saber e ter para trazer oportunidade de atender a minhas Quatro Principais Necessidades de Realização: _____ , _____ , _____ e _____ (preencha as lacunas.). Amo saber que a Lei da Atração está acontecendo e orquestrando o que quer que tenha que acontecer para que eu viva uma vida realizada e cheia de alegria por meio de estratégias positivas de atender a minhas necessidades."

Afirmação n. 2: "Amo a ideia de atrair recursos e informação que vão me direcionar às estratégias de que eu preciso para atender às minhas Necessidades de Realização. Amo saber que a Lei da Atração vai me trazer contatos, informações e recursos alinhados à satisfação das minhas Quatro Principais Necessidades de Realização."

Afirmação n. 3: "Amo saber que a Lei da Atração está acontecendo e orquestrando o que quer que tenha que acontecer para que eu atraia tudo de que preciso para viver uma vida de alegria por meio da satisfação de minhas necessidades. Amo atrair estratégias que posso aplicar para atender a minhas necessidades de maneiras positivas."

Fique à vontade para ajustar essas afirmações para que elas correspondam a suas necessidades e a seus desejos. Experimente inserir suas Quatro Principais Necessidades de Realização nas afirmações, ou criar suas próprias afirmações, que incorporem suas necessidades e que pareçam naturais quando você os lê. Cole-as onde possa lê-las com frequência.

Lembre-se: quanto mais atenção, energia e foco você direcionar aos seus desejos, mais fortes e mais claras serão as vibrações que você envia para a Lei da Atração.

O **3º Passo** do processo da Lei da Atração é eliminar a dúvida para permitir que as coisas cheguem até você. Você pode fazer isso percebendo e reconhecendo (celebrando) as coisas que surgem em sua vida e que estão alinhadas com suas Necessidades de Realização.

Diga a si mesmo coisas como: "Percebi que estou atraindo informações, pessoas e recursos que estão alinhados com a satisfação das minhas Necessidades de Realização."

Ao usar a Lei da Atração para atrair estratégias para satisfazer suas Necessidades de Realização, talvez você perceba que está atraindo apenas pedaços de uma estratégia ou ideia. Em outras palavras, pode ser que a estratégia não surja de pronto. Repare nas coisas que *estão* surgindo. Mantenha um registro do número de coisas que você está atraindo que estão alinhadas com suas Necessidades de Realização. Isso vai ajudá-lo a acreditar que é possível atrair o que você precisa.

Lembre-se:

Você vai enviar mais vibrações positivas quando prestar atenção no número de coisas positivas que está atraindo.

Resumindo:

- [ ] Podemos usar a Lei da Atração para atrair oportunidades, ideias e informações que vão nos ajudar a satisfazer nossas Necessidades de Realização.
- [ ] Quanto mais atenção, energia e foco direcionarmos aos nossos desejos, mais clara será a vibração que enviaremos para a Lei da Atração.
- [ ] É importante perceber e reconhecer as coisas que estão surgindo em nossa vida e que estão alinhadas com nossas Necessidades de Realização.

ATENÇÃO AGORA!

A prática faz o monge: mantenha um registro de observações semanal.

Práticas diárias para atender a suas Quatro Principais Necessidades de Realização

Agora que sabe mais sobre como satisfazer suas Quatro Principais Necessidades de Realização, chegou a hora de garantir uma compreensão maior de como esse conhecimento pode impactar todas as áreas de sua vida.

Para fazer isso, você vai precisar passar mais tempo observando padrões. Quando estiver se sentindo bem e feliz, observe qual Necessidade está sendo atendida no momento, para garantir que está satisfazendo suas Quatro Principais de maneira construtiva.

O Registro de observação semanal a seguir foi projetado para ajudá-lo a se manter conectado com o processo. Você vai fazer muitas observações e ter vários momentos "eureca" quando começar a perceber o impacto que atender a suas Necessidades de Realização pode ter em seu nível de felicidade, e logo aprenderá a tomar todas as suas decisões baseando-se em satisfazer suas Necessidades de Realização.

Esse é um processo autoinvestigativo, uma oportunidade de consolidar seu entendimento e aprender mais sobre como satisfazer suas Necessidades de Realização. Mantenha esse registro num lugar onde você possa anotar suas observações e ideias com facilidade.

Registro de observação semanal das Necessidades de Realização

Data: _____ Dia: _____

O que estou fazendo e percebendo de diferente agora que conheço minhas Necessidades de Realização.

Em meus relacionamentos principais:

_____

_____

_____

_____

_____

No trabalho:

_____

_____

_____

_____

_____

Nas amizades:

_____

_____

_____

_____

_____

Na vida em geral:

_____

_____

_____

_____

_____

O que é o Glossário Interpretativo das Necessidades de Realização?

Você vai encontrar a seguir o Glossário das Necessidades de Realização que pode ajudá-lo a esclarecer o significado das palavras. Chamei-o de "glossário interpretativo" porque usei as interpretações e definições de muitas pessoas em sua criação.

Lembre-se: você pode reformular os significados para que correspondam à sua interpretação das palavras. Pode até mesmo combinar palavras se isso fizer sentido para você.

O que importa é a sua interpretação!

Glossário Interpretativo das Necessidades de Realização

Aprovação

- Crença de que alguém ou algo é bom ou aceitável (por exemplo: atores precisam conquistar a aprovação do público).
- Expressão de uma opinião favorável sobre algo ou alguém (por exemplo: ela esperava que a mãe aprovasse sua roupa).

Atenção

- Notar algo ou alguém; considerar alguém ou algo interessante ou importante (por exemplo: ela amava a atenção que recebia por seus passos de dança originais).

- Cuidar e dar atenção especial a algo, alguém ou a uma tarefa (por exemplo: ele deu total atenção ao problema).

Autonomia

- Liberdade do controle ou influência externos; independência pessoal (por exemplo: ela amava a autonomia de ser sua própria chefe).
- O que você faz sozinho; o que você faz por si próprio; o que você faz como bem entende (por exemplo: ele não precisava fazer parte de uma equipe para finalizar um projeto, e tinha um desempenho melhor quando não ficavam no seu pé).

Aventura

- Uma atividade empolgante, muitas vezes espontânea, com algum risco envolvido; a exploração ousada de território desconhecido e/ou a busca por experiências novas (por exemplo: ela viajou pelo mundo em busca de aventura).
- Expor-se a algum tipo de risco (por exemplo: ele foi aventureiro até mesmo em sua escolha de investimentos).

Comunidade

- Sentimento de comunhão com as pessoas resultado do compartilhamento de atitudes, interesses e objetivos comuns (por exemplo: ela sempre quis a sensação de comunidade que pertencer à igreja proporcionou).
- Sentir um vínculo com um grupo de pessoal (por exemplo: ele amava a sensação de comunidade da feira local).

Conexão

- Sentir união com alguém (por exemplo: ela amava a sensação de conexão quando eles davam as mãos durante as caminhadas).
- Pessoas com quem se tem contato social ou profissional ou com quem se mantém relação, principalmente pessoas influentes que podem oferecer ajuda (por exemplo: ele tinha conexões com empresários importantes que podiam ajudá-los a tomar decisões).

Contribuição

- Papel desempenhado por uma pessoa ou algo para alcançar um resultado ou ajudar alguém a progredir (por exemplo: sua doação ao abrigo foi uma contribuição importante).
- Ato de doar para um propósito comum (por exemplo: sua contribuição de suprimentos permitiu que os rapazes seguissem com o projeto).

Controle

- Poder de influenciar ou direcionar o comportamento das pessoas ou o curso dos acontecimentos (por exemplo: a operação estava sob o controle de um gerente de produção).
- Gerenciar a posição de pessoas ou processos em relação umas às outras com sequência ou método específicos; isso inclui garantir a adesão a um procedimento prescrito ou estabelecido (por exemplo: na nova posição, ele tinha mais controle sobre os procedimentos de compra).

Criatividade

- Demonstrar um pensamento original; qualidade de ser inventivo, inspirador, engenhoso (por exemplo: ela trazia ideias criativas para as sessões de solução de problemas).
- Uso da imaginação ou de ideias originais (por exemplo: seus projetos demonstravam um nível de criatividade que impressionava o supervisor).

Desafio

- Uma tarefa ou situação que testa as habilidades de alguém (por exemplo: a montanha íngreme é um desafio para montanhistas experientes).
- Uma oportunidade de provar ou aprimorar suas habilidades (por exemplo: ele amava o desafio de enfrentar jogadores experientes).

Destaque

- Melhor, maior ou, de alguma forma, melhor do que o usual; excepcionalmente bom ou precioso (por exemplo: ela amava o destaque que ele deixava bem claro que ela tinha em sua vida).
- Conhecido por uma qualidade específica (por exemplo: ele costumava ser o destaque da equipe por causa de suas habilidades.)

Diversão

- Entretenimento, distração ou prazer leve; comportamento brincalhão ou bom humor (por exemplo: ela percebeu que estava faltando diversão em sua vida).
- Comportamento ou atividade que tem a intenção unicamente de entreter (por exemplo: ele tinha esquecido como era divertido tocar guitarra).

Importância

- De grande significado ou valor; que pode ter efeito profundo sobre o sucesso, a sobrevivência ou o bem-estar (por exemplo: ele gostava de sentir que tinha importância para o projeto).
- Ter posição elevada, status, dignidade ou autoridade (por exemplo: ela era uma mulher muito importante).

Inclusão

- Ser considerado como pertencente a um grupo ou estrutura maior (por exemplo: quando entrou para a equipe, sentiu-se incluído pela primeira vez).
- Estar envolvido no planejamento ou na tomada de decisões (por exemplo: ela amava ter idade suficiente para ser incluída no planejamento das férias da família).

Individualidade

- As qualidades ou características que diferenciam uma pessoa em relação a seus semelhantes, principalmente quando fortemente marcadas (por exemplo: as escolhas de roupa mostravam muito estilo e individualidade).
- Destacar-se em relação às outras pessoas, não se conformar à maioria (por exemplo: seus pais o ensinaram a valorizar sua individualidade, mesmo que não se encaixasse).

Influência

- Capacidade de impactar a personalidade, o crescimento ou o comportamento de alguém ou alguma coisa (por exemplo: como mentor, ele era uma boa influência para os alunos).
- Habilidade de persuadir os outros para um resultado (por exemplo: ela conseguiu influenciar a equipe a votar por uma opção de divisão do trabalho).

Integridade

- Qualidade de ser honesto e ter princípios morais firmes; retidão moral (por exemplo: ele é conhecido por ser um homem íntegro).
- Fazer o que se disse que ia fazer; dizer sim quando quer dizer sim e dizer não quando quer dizer não (por exemplo: ela valorizava a integridade em seus compromissos).

Intimidade

- Relacionamento ou amizade próxima; proximidade social, principalmente entre duas pessoas, que leva à troca de ideias e informações pessoais (por exemplo: o nível de intimidade do casal aumentou depois do workshop).
- Atmosfera íntima e acolhedora (por exemplo: ela redecorou o quarto para criar uma sensação de intimidade).

Justiça

- Ser justo ou adequado às circunstâncias (por exemplo: o toque de recolher era justo dado o comportamento que ela tinha demonstrado); ou ser tratado justamente.
- Fazer algo sem trapacear ou tentar uma vantagem injusta (por exemplo: ele sempre garantiu que o jogo fosse justo).

Liberdade

- Poder ou direito de agir, falar ou pensar conforme sua vontade sem obstáculos ou restrições (por exemplo: ele amava ter a liberdade de mudar sua rotina com tanta frequência).
- Estado de ser fisicamente capaz de se deslocar com facilidade (por exemplo: a liberdade de se mudar para um clima mais quente era algo que ela desejava).

Liderança

- Ato de liderar um grupo de pessoas ou uma organização (por exemplo: os membros apostaram em sua liderança durante a transição).
- Oferecer orientação e conselho a outros (por exemplo: assumir uma posição de liderança no projeto aumentou sua confiança).

Poder

- Capacidade ou habilidade de orientar ou influenciar o comportamento de outras pessoas ou o curso dos acontecimentos (por exemplo: ele tinha poder de determinar a duração dos procedimentos).
- Sensação de controle sobre a própria vida (por exemplo: ela finalmente sentia ter poder para decidir como queria levar a vida).

Prestígio

- Valorização ou aclamação por uma conquista, um serviço ou uma capacidade (por exemplo: ela recebeu o prêmio de prestígio por seu trabalho corajoso na área de direitos humanos).
- Reconhecimento que se recebe por suas ações ou posições (por exemplo: ele amava o prestígio que vinha das turnês com a banda).

Reconhecimento

- Uma expressão (muitas vezes verbal) de apreço por algo que foi feito (por exemplo: os elogios do marido da Maria eram o reconhecimento que ela desejava).
- Ato de demonstrar que percebeu algo ou alguma coisa (por exemplo: ele se sentiu realizado pelo reconhecimento quando sua doação foi mencionada no informativo).

Satisfação

- Algo conquistado com sucesso (por exemplo: a redução de sua dívida pessoal foi uma grande satisfação).
- A conclusão bem-sucedida de uma tarefa (por exemplo: conquistar seu diploma foi uma grande satisfação).

Segurança

- Estar protegido do perigo (por exemplo: ele se sentia mais seguro quando escalava com corda).
- Estar livre do perigo ou de riscos (por exemplo: ela se sentia mais segura quando viajava em grupo do que sozinha).

Singularidade

- Ser único; diferente de qualquer outra pessoa (por exemplo: seus desenhos faziam com que fosse singular em sua área).
- Ser singular, original (por exemplo: cada um de seus projetos era singular; nenhum era igual ao outro).

Sucesso

- Uma tarefa bem-sucedida, desempenhada com esforço, coragem ou habilidade (por exemplo: eles ficaram orgulhosos de seu sucesso).
- Obter o nível desejado de desempenho (por exemplo: seu sucesso no esporte é impressionante).

Tranquilidade

- Sentir-se livre de medo, preocupação ou ansiedade (por exemplo: o novo emprego e o novo salário davam a ele uma sensação de tranquilidade).
- Sensação de segurança e proteção (por exemplo: ela gostava da tranquilidade que sentia no novo apartamento).

Valorização

- Reconhecimento e gozo das boas qualidades de alguém ou algo (por exemplo: sorri, demonstrando valorizar seu gesto prestativo).
- Gratidão pela contribuição ou ação de alguém (por exemplo: ela demonstrou valorizar seu empenho).

Posfácio

Meu palpite é que as coisas mudaram para você desde que descobriu suas Quatro Principais Necessidades de Realização. Alguns de vocês podem já ter trocado de emprego, clientes ou relacionamentos porque não estavam satisfazendo suas necessidades. Outros podem estar pensando em como mudar algumas coisas – ou seja, como ser mais direto ao garantir que suas Necessidades de Realização sejam atendidas.

Essa informação provavelmente é nova para você. Seja gentil consigo mesmo enquanto descobre as áreas da vida em que não se sente realizado e cria a coragem para fazer as mudanças com base no que o deixaria mais satisfeito e feliz.

Imagine como seria estar cercado de pessoas que também se sentem realizadas em suas vidas. Como você pode fazer isso? Apresentando este livro e seus processos a sua família, seus amigos, sua equipe de trabalho e a outras pessoas com quem você se relaciona.

Goste o suficiente de você mesmo e dos outros para se ajudar e ajudá-los a ter mais alegria.

Diga SIM para a satisfação de suas Necessidades de Realização!

Tudo de bom,

Michael

Agradecimentos especiais

Fui altamente motivado e inspirado pelos trabalhos de Esther e Jerry Hicks. Sou profundamente grato a ambos por compartilharem seu conhecimento sobre a Lei da Atração com o mundo e comigo. Graças a isso, a minha vida é mais plena e mais rica.

Devo um caloroso e muito merecido agradecimento às seguintes pessoas: às dezenas de milhares que participaram de todos os meus seminários e programas de formação a distância; aos inúmeros e-mails que recebo contando as histórias de sucesso pessoal; às centenas de pessoas que telefonaram para falar comigo durante minhas diversas participações em programas de rádio. Fazer isso é o PROPÓSITO da minha vida.

E também a todos aqueles que estão comigo desde o início, me apoiando física, emocional e espiritualmente, o meu eterno amor.

Sobre o autor

Michael Losier escreve e ministra cursos sobre um assunto que conhece muito bem. Ao longo dos anos, Michael Losier reviu completamente sua vida. Embora afirmando que sempre teve uma vida feliz, tendo inclusive uma infância sem problemas e uma família que lhe dava apoio, Michael deixa bem claro que a descoberta e a aplicação da Lei da Atração foram responsáveis pelo novo patamar de sucesso e realização de que ele desfruta como autor, capacitador e empresário.

Michael Losier cresceu numa comunidade operária, em New Brunswick, Canadá. Como estudante de Programação Neurolinguística, uma técnica de transformação psicológica e comportamental, Losier e quatro colegas produziram uma bem-sucedida série de exposições anuais sobre saúde holística a partir de 1990. Em meados da década de 1990, Losier participou de programas de treinamento que fizeram dele um "orientador evolutivo" e, em 1995, obteve o seu certificado de profissional da Programação Neurolinguística. Por essa época, ele reduziu sua carga horária numa função pública para quatro dias por semana e começou a passar o quinto dia atendendo a seus clientes.

Ainda em 1995, Losier foi apresentado ao tema da Lei da Atração, que o levou a indagar por que nunca atraía nada negativo para sua vida. Decidiu, então, explorar Huna (o sistema metafísico havaiano), Feng Shui e outros assuntos relacionados à questão da energia. Concluiu que qualquer tópico precisava ser ensinado de tal forma que as pessoas pudessem apreendê-lo com facilidade. "Precisava ser algo de fácil acesso", lembra Losier.

Em 1996, Michael começou a participar de encontros semanais com outros entusiastas da Lei da Atração e, em pouco tempo, essa atividade tinha se transformado em reuniões quinzenais de 45 pessoas. Ele criou então a Teleclass International Inc. Os programas de formação a distância compreendem aulas de treinamento ao vivo e interativas, transmitidas por telefone com o auxílio de sistemas de teleconferência de ponta. Com isso, Losier atingia mais de 15.000 pessoas por ano.

Michael Losier é um homem apaixonado e engajado. É membro do corpo docente do Law of Attraction Training Center que treina estudantes para se tornarem profissionais diplomados da Lei da Atração. Michael passa centenas de horas por ano participando de programas de rádio e tevê e também é frequentemente convidado para atuar como conferencista de honra em centros de bem-estar, centros espirituais, comerciais, empresas e convenções, nos Estados Unidos, no Canadá e no México.

Quando Michael conseguir o que pretende — coisa que faz frequentemente quando se trata de espalhar a mensagem da Lei da Atração —, milhões de pessoas estarão usando o seu poderoso sistema para melhorar a própria vida. Com isso, todos sairão ganhando sem dúvida alguma.

Quando não está lecionando, exercendo suas atividades de treinamento ou estudando, Michael gosta de fazer caminhadas pelas antigas florestas da costa Noroeste do Pacífico e de cuidar do seu jardim.

Em www.leyabrasil.com.br você tem acesso a novidades e conteúdo exclusivo. Visite o site e faça seu cadastro!

A LeYa Brasil também está presente em:

 facebook.com/leyabrasil

 @leyabrasil

 instagram.com/editoraleyabrasil

 LeYa Brasil

Este livro foi composto em Palatino,
corpo 11pt, para a editora LeYa Brasil.